カレーライス進化論

水野仁輔

イースト新書Q

JN230220

プロローグ

２０１３年9月8日の早朝5時前、僕は自宅の一番せまい部屋で独り、テレビ画面を眺めていた。同じ時間におそらく日本全国で多くの日本人がかたずを呑んでテレビにかじりついていたはずだ。２０２０年オリンピックの開催都市がまもなく決まる。とはいえ少し冷めた気持ちでいたのは、オリンピック自体にそれほど強い思い入れがなかったからだ。東京でオリンピックが開催されようとされまいと、２０２０年の自分の生活にたいした影響はないだろう、交通規制が厳しくなって街中を自転車で走りにくくなるのは嫌だなぁ、くらいのことだった。それでも日本中が注目しているこの瞬間に自分もテレビの前にいるのだから、行く末が気になっていたのだろう。

発表の瞬間が刻々と近づいてくると、心臓の鼓動が高まるのがわかった。なぜかドキドキしてきた。午前5時過ぎ、現地、国際オリンピック委員会総会が開かれているブエノスアイレスの会場には、東京のほか、候補地となっているマドリード、イスタンブールの関係者が列席している。中央のステージで、ジャック・ロゲ会長が軽く挨拶をする。テレビでは同時通訳が流れていたが、僕の目は、彼が手にしている封筒を見つめていた。封筒が開かれ、ジャック・ロゲ会長が中に入ったボードを取り出してくるっと裏返すと同時に「TOKYO」と言った。会場の日本人関係者がドッと沸き、感極まってお互いに抱き合い、涙を流して喜びを分かち合う映像が流れた。ほんの数分もなかっただろうか。僕も「TOKYO」の直後に「おおお！」と小さく歓声を上げたものの、すぐに静かになった。

しばらくして、突然、たとえようのない焦燥感が体中を駆け巡った。7年後の2020年、世界中の人々が東京にやってくる。そこにカレーはあるのか。そりゃ、あるだろう。だとしたら、日本のカレーはそのときどんな姿をしていて、彼らの目にはどう映るんだろうか。そして、僕はそのとき、カレーとどう関わっていられるのだろうか。まずい、このままではいけない。僕は海外の人に日本のカレー文化の魅力をもっと伝えたい。伝えていかなくちゃいけない。もう時間はあまりないんだ。僕がやらないで誰がやるんだ、と心の底から思った。なぜかわからないが、どこかの誰かがやってくれるだろう、なんて冷めた気持ちは持てなかった。じっとしていられなくなったが、東京の早朝5時に外へ飛び出しても何もすることはない。テレビはまだ歓喜を繰り返し伝えている。その朝、僕は日本のカレーの将来についてグルグルと頭の中をめぐらせながら眠りについた。

カレーは日本が世界に誇る食文化である。それは、歌舞伎のような伝統芸能やアニメのようなサブカルチャーに引けを取らないレベルだと思う。問題はそのポテンシャルにほとんどの人が気づいていない点である。日本のカレーがどれほどすごいのかを自覚していない日本人は多い。灯台下暗しという言葉があるくらいだから、たとえ日本人が知らなくても、カレーは海外からやってくる外国人の足元を照らし出すかもしれない。光り輝けば少しはその魅力を伝えることはできるだろう。

カレーはインドで生まれ、イギリスを経由して150年ほど前に日本にやってきた。日本で生まれた〝カレーライス〟は独自の進化を遂げ、世界に類を見ない食べ物になった。世界中にカレーと呼ばれる料理やカレーに似た料理は存在するが、国民食として愛され、自由自在に変化してバラエティ豊かに成長している例はほかにない。

高級ホテルのレストランから街場の食堂までメニューに名を連ね、家庭の味があり、学校給食の人気メニューとなる。キャンプに行けばカレーを作り、全国各地では特産品を使ったご当地カレーが町おこしの一助となっている。〝カレー味〟なる概念が生まれ、コンビニではカップラーメンも焼きそば弁当もスナック菓子もカレー風味に染まっている。

僕はこの17年間で40冊以上のカレー本を出版してきたが、海外で生まれ育ったら、これだけの頻度でカレーの本を出版することはありえなかったと断言できる。もしかしたら、「世界で一番カレーの本を出した男」としてギネスに申請すれば通るかもしれない。

カレーの魅力はどこにあるのか。もちろん、おいしいというのは前提にある。日本人だけでなく、世界中の人が食べておいしいと思う料理である。以前、ＮＨＫの人気番組「ためしてガッテン」でカレーを特集したときに、番組制作・出演に協力させていただいた。番組の中で市販のカレールウで作ったカレーを何人ものインド人に食べてもらったが、誰もが口を揃えて「これはおいしいカレーだ」と感想を述べている。インド人もビックリしたのである。

味わい以上に可能性を感じるのがスタイルの斬新さである。「平皿にライスとカレーが半々に盛り分けられているだけの料理のどこに斬新さがあるんだ!?」と思う人がいるかもしれない。ところがこのシンプルなスタイルにこそ価値がある。左半分に白いライス、右半分に茶色いカレーソースその境界線の奥に真っ赤な福神漬け。小学生でも絵に描けるキャッチーさ。さらにこのカレーライスの上に鶏のからあげが乗ればからあげカレー、ゆで卵をトッピングすれば卵カレー、チーズを振りかければチーズカレー、と自在に姿を変える。カリッと揚がったトンカツがドンと乗ればカツカレーになる。想像しただけで食べたくてたまらなくなる。

今、ラーメンはカレーに先んじて外国人に大人気となっている食べ物である。海外のアーティストやミュージシャンを日本に招致し、アテンドする仕事をしている友人の話によれば、来日する外国人アーティストのほとんどが、「日本に行ったらラーメンを食べたい」と言うのだそうだ。おかげで彼女は普段全く食べることのないラーメン屋の情報にかなり詳しくなったという。

パリやロンドンではずいぶん前からラーメンがブームだし、ここ数年では日本の人気ラーメン店「一風堂」が出店して話題になった。

日本のラーメンについて研究し、書籍を出版したケンブリッジ大学のバラック・クシュナー准教授は、ラーメンが世界中で愛される理由を「プラットフォーム・フードだから だ」と表現している。プラットフォーム・フードとは歴史学者などによって使われていた言葉で、ある一定の様式を持った料理のことをいう。たとえば、寿司はシャリの上に具が乗っている。サンドイッチは2枚のパンの間に具が挟まれている。ピザは丸く伸ばした生地の上に具が乗ってオーブンで焼かれている。世界中の人が各国の食文化の壁を越えてそれと認識できる様式を持っている料理をプラットフォーム・フードという。

そして、プラットフォーム・フードには世界で受け入れられる重要な共通点がある。それは、食べる人の好みで自由にカスタマイズできることだ。生魚が苦手な人はシャリの上にベーコンを乗せればいい。2枚のパンに挟むものや丸い生地の上に置くものは、好きなものでいい。スープに麺が入っている様式のラーメンは、それをプラットフォームにして、チャーシュー、卵、メンマ、ノリ……、などさまざまなものを乗せることで食べ手がカスタマイズすることができるのだ。様式のわかりやすさとカスタマイズのしやすさが世界でウケる要素だということらしい。

だとするならば、カレーライスは日本を代表するプラットフォーム・フードのひとつじゃないか！

僕はかつて、日本最大のカレーチェーン店「カレーハウスCoCo壱番屋（ココイチ）」で、全トッピングというのをやったことがある。1人前のカレーライスと同時にその店のメニューにあるトッピングをすべて注文したのだ（ちなみに後にココイチを取材した際、僕と同じような行動に出る客が毎年、一定数出現するという話も聞いた）。当然、1皿に盛りきれなかったトッピングの数々は、それ専用の皿（本来そんなものはないのだけれど）に数枚にわけて盛りつけられ、僕の目の前に現れた。僕はそこから食べたいものをつまみ食いして食事を終え、残った大半のトッピングをテイクアウトした。レシートは何十センチもの長さになり、金額は８０００円を越えた。

これだけのバラエティが、いや、もっと多彩な無限のバラエティがカレーライスというプラットフォーム上で楽しめる。ラーメンや寿司のシャリに乗せたらおかしいものでもカレーライスの上にはおさまったりするのだ。こんな自由な料理がほかにあるだろうか。外国人はまだ知らないだけである。知ったらその反響はとんでもないことになるはずだ。

微かな可能性をすでに感じ取ってはいる。先述のココイチは、すでに上海やバンコクでかなりの人気を博している。２０１６年7月には、ロンドンへの出店を発表した。その後、なんとインドへの進出も計画しているという。

そのロンドンでは、韓国系や中国系の日本食チェーン店が大人気。もちろんカレーライスは定番メニューである。高級スーパー（確かウェイトローズだったか）へ足を運んだとき、驚きの商品を目にした。お洒落にデザインされた透明のパッケージにはこんな商品名が書かれている。「KATSU CURRY」。わが目を疑ったのを思い出す。買って中を見てみるとカレーを作るスパイスのほかにトンカツを揚げるためのパン粉が入っているのだ。ロンドンでは家庭でもカツカレーが人気だというのか。

アメリカに住む友人が教えてくれたのは、サンフランシスコで人気の移動販売カレー店である。ＩＴ企業が集まるビジネスエリアにランチタイムに出没するその店の人気メニューはカツカレー。Facebook社をはじめ、名だたるＩＴ企業の若い戦士たちがカツカレーに群がっている姿を見られるという。

イギリス人やアメリカ人だけではない。日本に住むインド人は、ココイチに行くとカツカレーを食べる人が多いと聞いたことがある。もちろん、豚肉を食べないムスリムは例外だが……。

カレーライスは日本を代表するプラットフォーム・フードである。そして、その象徴的な存在がカツカレーだ。だとするならば、カツカレーが世界中の人々を虜にする未来が近いうちに訪れるんじゃないだろうか。カツカレーを入口にして日本のカレーの奥深く幅広い世界の魅力を知る人が激増するかもしれない。その昔、世界中の人がビートルズを入口にロックンロールにハマっていったように。

「カツカレーはビートルズである」だなんて言ったら今は誰もがキョトンとするだろう。でも僕はキラキラと光り輝くダイヤモンドの原石を見つけてしまったのだ。そして、今、無性にカレー店を開きたくなっている。カツカレーが抜群にうまい店を……。

カツカレーのことばかりを延々と語り続けるつもりはないが、せっかくの機会だから、日本のカレーの知られざる魅力を存分に綴ってみたいと思う。

●目次

第3章　カレー粉、カレールウの誕生　105

第4章 日本での進化　多様性 145

第5章 日本のカレーはどこへ向かう？ 205

第1章

日本のカレー、世界へ

ゴーゴーカレーはニューヨークから世界を目指す

ニューヨークで愛されるジャパニーズカレー

カツカレーが日本のカレーを世界へ羽ばたかせる原石であることは、もうすでにほかの人に発見されてしまっている。その原石がどう輝きはじめているのかを確かめるために、僕はニューヨーク、マンハッタンのブロードウェイを歩いていた。

大学時代以来、実に20年ぶりとなるマンハッタンを案内してくれたのは、GO GO CURRY USAの大森智子社長である。ここに日本でチェーン展開するカレー専門店「ゴーゴーカレー」のニューヨーク店がある。大森さんとお会いするのはこれが2度目だ。東京でお話を伺って以来だが、まだまだ聞き足りないこと、話し足りないことがたくさんあって、歩きながらカレーの話は尽きない。

「ゴーゴーカレータイムズスクエアスタジアム」が開店したのは今から10年前の2007年。その後、マンハッタンに4店舗を開き、つい最近、6店舗目となるハーレム店をオープンした。ゴーゴーカレーといえば、金沢カレーという独自のスタイルを踏襲して日本全

マンハッタンにあるGO GO CURRY USAの店舗。

14時を過ぎても盛況の店内。

国に70軒以上を展開するチェーンである。ライスの上に黒褐色の濃厚なカレーソースがかかり、その上にトンカツが乗る。カツの上にトンカツ用のソースがかかり、脇には千切りキャベツが添えられている。これが金沢カレーのスタンダードなスタイルだ。

店舗は全体的に黄色と赤のビビッドなカラーリングに黒いゴリラのロゴマークが印象的で、とにかくキャッチーな佇まい。渋谷や新宿の喧騒にあってさえ圧倒的な存在感を放っている。あのゴーゴーカレーがこのマンハッタンの街中にあるというのだから、よほどの違和感があるに違いない。日本を出る前はそれを楽しみにしていた。

8アヴェニューから38ストリートへ右に曲がると夢中で話していた大森社長がふと静かになった。「あれ?」と思って視線を上げるとそこにゴーゴーカレーがあった。あまりの唐突な遭遇に一瞬、息が止まる思いをしたが、それ以上に街並みになじんでいる光景に驚いた。あのよく目立つはずのゴーゴーカレーが、もうずっと昔からそこにあったかのようにマンハッタンの街並みに溶け込んでいる。

ランチタイムは大混雑するから、と時間をはずして14時近くに訪れたが、それでも店は満席。20席ほどの店内ではテイクアウトの客もレジの脇でオーダーしたカレーが準備されるのを待っている。そういえば、ホテルを出る前に大森社長のスマホの画面で見せてもらった店内カメラの様子は、広くはない店内だが、ニューヨーカーがイモ洗い状態にごった返していた。

10年前からあるとはいえ、このなじみ方はかなり意外だったし、混雑ぶりは予想以上だった。カツカレーをオーダーして食べる。日本で食べるゴーゴーカレーと同じ味わいだ。このカレーをマンハッタンの人たちが普通に食べている。ジャパニーズカレーが愛されているのを僕は今、目の当たりにしているのだ。心が躍るのがわかった。

マンハッタンのトップランナー

このニューヨーク1号店は、月商300万円からスタートし、10年間、右肩上がりの成長を続け、今は月商1000万円を売る店に成長している。大森さんがGO GO CURRY USAの社長に就任したのは5年ほど前だが、その時点ではすでにゴーゴーカレーの味はマンハッタンで一定の客層に受け入れられていた。そこから大森社長は着実に店舗を増やしていく。どの店も成長し続けているというから、ゴーゴーカレーはニューヨークで完全に成功をおさめているといえる。

マンハッタンのほかは、マサチューセッツに1店舗で合計7店舗を経営していて、

2017年2月現在で総従業員数は48名。チェルシーワールドトレードセンター店は、昨対比30%の成長率というから好調だ。

ちなみに日本のフードチェーンは、意外にもマンハッタンでは、どこも大きな成功をしていない。牛角が3店舗、1杯16ドルのラーメンでブームを巻き起こした一風堂も店舗数は増えていないし、吉野家は進出したもののうまくいかず、撤退。大戸屋が3店舗。ちょうどいきなりステーキがオープンしたばかり。要するにニューヨークのマンハッタンに展開する日本のフードチェーンでは、ゴーゴーカレーの6店舗が最大の店舗数を誇り、トップランナーなのである。

それほど日本からのニューヨーク進出はハードルが高いということだろう。そんな中、ジャパニーズカレーが受け入れられている事実は、特筆すべきものである。ゴーゴーグループの宮森宏和オーナーは、情熱と覚悟でやり切ったことが成功のカギだったんじゃないかと振り返る。「焦らない、諦めない、怒らない、あてにしない」とニューヨークで飲食ビジネスをやっていくための心構えを簡潔に教えてくれた。

味が受け入れられるかどうかに関しては、心配していなかったと宮森オーナーは話す。タイムズスクエア1号店を出店する前にアメリカで開催されたフードショーに期間限定でカレーを出した際の反響が非常によく、「これはいける」と確信を持ったそうだ。実際にゴーゴーカレーの味わいはニューヨーカーに受け入れられたし、今も評判はすこぶるいい。

アメリカでは、Yelpという飲食店ガイドのサイトが圧倒的に利用されている。そのYelpでタイムズスクエア店は、１１５５件のコメントがついていて平均点も高い。１０００件以上のコメント数というのは、マンハッタンにある飲食店でもなかなかないレベルだ。しかも、コメントが異様に熱い！　たまたま僕が滞在した時期に上がったばかりのコメントをいくつか見てみると、もう絶賛を通り越したような内容で、書き込んだ人の興奮が手に取るように伝わってくる。

I tried some Japanese curry before and they were pretty plain but Go Go Curry was amazing!!! The curry sauce was full of flavor, katsu was great and the shrimp tempura was the best one I ever tried.

これまで何度かジャパニーズカレーを食べたことがありますが、そんな中でもゴーゴーカレーは圧倒的に素晴らしかった！　カレーソースは風味豊かでカツもおいしい。エビ天ぷらは過去最高の味わいでした。

Amazing Amazing Amazing! I never had any shrimp tempura better than this. I had the home run curry (shrimp tempura, sausage, choice of chicken/pork katsu). Price and taste is absolutely worth it. Next time I would add some toppings to make myself full.

すごい、すごい、すごい！　ホームランカレー（エビ天ぷら、ソーセージ、カツ）は価格も味も大満足。次はもっとトッピングをしたいと思います。

Yelp該当ページ（https://www.yelp.com/biz/go-go-curry-new-york）より

ニューヨーカーへの普及のカギ

ハーレム店では、影響力のあるYelpエリートと呼ばれるインフルエンサーを30名以上集めてのクッキングデモンストレーションを目前に控えていた。ジャパニーズカレーの教育も目的としている。イベントに協賛することになっている日本の大手食品メーカーや酒メーカーの担当者が打合せのために店にやってきた。

イベントの内容をどうするべきかを議論しはじめると自ずと会話の内容は、ジャパニーズカレーをもっとニューヨークで広めていくにはどうしたらいいのか、へと移っていく。たまたま取材で大森社長と一緒にいた僕も作戦会議に混ぜてもらった。

現在、ニューヨーカーでカレーといえば、インドカレーかタイカレーが第一想起に挙がる。その点、知名度でジャパニーズカレーは後れを取っている状況だという。一方で、ゴーゴーカレーは、ジャパニーズカレーというよりもカツカレーの店として認識されている部分がある。「カツ」と「カレー」をコンビネーションとして覚えている人が多いからだ。

もしかしたら、ジャパニーズカレーという言葉よりもカツカレーという言葉のほうが通りがいいのかもしれない。「ジャパニーズカレーはよくわからないけど、カツカレーなら知ってるよ」という具合で。カツカレー以上にアメリカ人にウケるカレーはない、という意見さえ出た。

アメリカの人口はおよそ3億人。ニューヨーク市には840万人、マンハッタンには160万人が生活している。そのうち、日本人は現在、2~3万人程度。マンハッタン在住の日本人は、アメリカ人から「ゴーゴーカレーって知ってる?」と聞かれることがあるそうだ。ラーメンブームは先に起きており、店ではラーメンにミニ丼としてカレーライスがつく店が多いから、そういう形でジャパニーズカレーが認知されている部分もある。

ゴーゴーカレーの認知については、宮森オーナーが興味深い話をしてくれた。ゴーゴーカレーは、ゴリラのロゴを引っさげてニューヨークに1軒目を出し、その後、店舗を増やしていったことから、一部のアメリカ人には、ジャパニーズカレーならぬニューヨークカレーとして認識されているケースもあるというのだ。

Yelpのクッキングデモ用に大森社長が準備したパワーポイントのスライド資料を見せてもらった。内容は、ゴーゴーカレーの宣伝よりも「ジャパニーズカレーとは何か?」や「日本人にとってカレーがどんな料理なのか?」についての説明のほうが詳しく紹介されている。デモンストレーションもゴーゴーカレーの作り方を教えるのではなく、カレールウを使った日本の家庭でのカレーの作り方を教えるそうだ。

別にゴーゴーカレーの店舗でカレールウを販売しているわけではない。感度の高いグルメファンたちへの〝エデュケーション〟が不可欠だと考えているからである。

ニューヨークの外食事情

GO GO CURRY USAでは、現在、メニューの改定を検討している。カツカレー、エビカレー、ソーセージカレーのほか、各種トッピングを盛合せたホームランカレー、グランドスラムカレーなど、固定化したメニューでこれまで営業をしてきたが、セレクトメニューへスイッチしようということだ。

トッピングだけではない。「ライス」、「ソース」、「トッピング」などにカテゴリーをわけてそれぞれ客の好みに合わせたものを選んでもらう。たとえば、ライスの部分には、ポテトや麺などを用意することも検討している。アメリカ人にとって主食はライスではないかと、日本のように「カレー&ライス」という形式にこだわる必要はないのかもしれない。

セルフチョイスによってカスタマイズし、自分の食べたいメニューを自分で仕上げていくスタイルは、今のニューヨークでは支持されている。「Eatsta」という無人の飲食店では、客は店内にあるモニターパネルの表示を見ながら注文を進める。確定させてその場で待つと、壁にズラリと埋め込まれた透明のボックスに注文者の名前が表示される。扉を開けると中には自分で選んだ料理が入っている。見えない調理場にスタッフはいても、フロアにスタッフはいない。テイクアウト専門店で、スマホのアプリで事前に注文しておくこともできる。決済もスマホ上で済ませるから現金は要らない。

マンハッタンのゴーゴーカレー各店舗でもテイクアウトの客は多い。売り上げの半分に及ぶほどの比率だそうだ。客席で食べる場合もテーブルに注文を取りに行くフルサービス形式ではなく、カウンターで注文したカレーを自分で席まで運ぶスタイル。この方式もニューヨークでは一般的で、ゴーゴーカレーは基本的に新規出店時に居抜きで借りることにしているが、どの店も縦長の店内の中央に客席と奥の調理場を分断するカウンターがあるレイアウトになっている。

価格設定は、マクドナルドのビッグマックセットを基準にしているという。ビッグマックセットは、店舗によって差はあるが、7・58ドル。これよりも安い価格をつけると、「マックに行くお客を相手にしている店」という印象が強くなり、低所得者層が集まる店となり、通常の客が寄りつきにくくなるそうだ。客単価はマックよりも上に設定するのが基本だそうで、「安くておいしいものを」と料金設定をして撤退を余儀なくされた日本のフードチェーンもある。

アップタウンに出店したばかりのハーレム店は、他のゴーゴーカレーよりも高い金額設定にしており、カツカレーのミディアムを9・5ドルで提供している。

アメリカで1000店舗を目指す

ニューヨークで1号店を出店してから10年を超えたゴーゴーカレーは、マンハッタンでジャパニーズカレーの普及に取り組む一方で、「脱ニューヨーク」を今後のテーマに据えている。次なる展開は全米での普及である。もちろん、西海岸も視野に入れている。西海岸ではすでにハウス食品が古くから何軒かのカレーレストランを経営し、ココイチも出店していることから、東海岸に比べてジャパニーズカレーが浸透している可能性は高い。

ゴーゴーカレーにとっては、「いつでも出店できる場所」という印象もあるが、3〜5年以内に西海岸への進出を考えている。大森社長は、ひとまず、これからの5年で55店舗に増やすことを短期的な目標に置いているそうだ。

全米展開をするにあたって課題はふたつある。「フランチャイズ制度の確立」と「マネージャークラスの人材確保」だ。全米という広いエリアでの出店を見据えたときに直営ですべてを展開するのは無理がある。北米でのフランチャイズ制度の申請にはさまざまなハードルがあるが、少しずつ準備を進めている段階だ。

その一歩手前でまずはマネージメントできる人材の確保、育成が急務となる。大森社長がひとりで見切れる店舗は、エリアも数も限られてしまう。特に物理的な距離の問題は深刻で、何かあったときにすぐに駆け付けられる場所に店がないのは難しい。当面はニューヨークを中心としたドミナント戦略で出店を計画しながら人材確保を並行して行っていかなければ、一気に店舗数を増やすことは難しいだろう。

一方で、宮森オーナーは「アメリカで1000軒」という長期的なプランを描いている。これが実現したとき、もしかしたらゴーゴーカレーは、ジャパニーズカレーではなく、本当にニューヨークカレーとして全米で愛されることになるのかもしれない。

ゴーゴーカレーが見据える未来

北米で7店、ブラジルのサンパウロで1店を運営するほか、国内で70店舗以上を展開するゴーゴーカレーは、ココイチに次いでカレーチェーンとしては2番目の店舗数を誇る。ゴーゴーグループ全体での年商は55億円（2015年9月期）、パート・アルバイトを含む従業員数は、250名（2015年4月現在）である。

宮森オーナーは、ゴーゴーカレーグループの目指す将来像について、「カレーの総合商社として世界でナンバーワンになる」ことだと話す。そして、そのためにどうしても必要なことはアメリカ進出だという。

ニューヨークは世界の最先端。アート、ビジネス、スポーツ、なんでも世界中から集まってくる。そんな街なのに、いや、そんな街だからこそ、飲食業界ではニューヨーク出店に慎重になり、最後に持ってくる企業が多い。あのスターバックスもニューヨークに出店するまでには時間がかかった。そのくらいニューヨークで飲食ビジネスを成功させるのは難しい。日本のフードチェーンでニューヨークに進出し、大きく成功した企業はまだない。ゴーゴーカレーは先駆者である。

「日本でいえば、金沢カレーがそうだったように、東京で受け入れられるかどうか。うち以外にも過去に金沢カレーの名店で東京進出をし、うまくいかなかったところがいくつもある。決して味がまずいわけじゃない。どこもおいしい店ですよ。でも東京で成功するのは難しい。同じようにアメリカではニューヨークで成功するのは特別なこと」

ニューヨークは東京の比較にならないほど苦しんだという。1号店では、とにかく徹底的に試食を促した。イベントをしたりキャンペーンをしたり。ロゴになっているゴリラの着ぐるみを着てタイムズスクエアに行ったこともあった。

日本と同じクオリティの味を出すことも非常に大事だ。現地で調達する食材では限界があるから、必要なものは日本から調達した。お米も変え、トンカツの肉も選びなおした。はじめのうちは、現地の飲食関係者から「ユダヤ人がいたりするからニューヨーカーは豚肉を食べないよ」と何度言われたかわからない。でも結果的にはそんなことはなかった。宗教やベジタリアンを除けば人種は関係ない。トンカツはニューヨーカーも大好きであることを6店舗で証明している。

「金沢で自分がうまいと思って食べていたものが、東京でも受け入れられた。ニューヨークではとにかく受け入れられるまでやり続けた」

和食はヘルシーだと思っているアメリカ人が、カツカレーすらも同様のイメージで食べている感覚があって不思議だという。

アジア・ヨーロッパも視野に

アメリカは現在インフレ状態にあるといえる。あらゆるものの価格が高騰し続け、10年経ったら1・5倍になるものもある。そんな中、ゴーゴーカレーは10年間、値段を据え置いて商売してきた。しかもノーチップ。リーマンショックのときには、高いものを買えない人たちが客としてよく足を運び、売り上げに貢献する結果となった。

「飲食ビジネスはアメリカから全世界へ発信するものだと思っている。だからアメリカにこだわっているんです。最初から日本だけを見ているわけではない。世界一のカレーチェーンを目標にしている」

宮森オーナーがそう語るのは、夢物語としてではない。現実的にその姿がイメージできているようだ。

「絶対にウケる。カツカレーに限らず、スパイシーなカレーは絶対に受け入れられる」

ひとつのパッケージができたら一気に増やせるのがアメリカの飲食ビジネス。業務用カレーや冷凍カレーの小売りも検討している。

もちろん課題もある。原料調達、特にカレー粉は現状のように日本から調達し続けるのはロスである。アメリカ展開においては、将来的に独自に開発するかM＆Aするかが必要になる。

つい最近は、サンフランシスコの視察を終えおおいに刺激を受けて帰ってきた。「アメリカはテクノロジーも考え方もすごい速さで進化し続けている」と興奮気味に話す。

ゴーゴーカレーのスピード感も遅くはない。つい最近、国内のインドカレー店をM＆Aした。宮森オーナーがインドカレーに興味を持っているのにはいくつかの理由がある。金沢カレーと全く違うジャンルのカレーであり、ベジタリアンへの対応もしやすく、世界中で愛されているカレーだから、そのノウハウを手にできることは大きい。ゆくゆくはインドカレーもニューヨークに持っていきたいと語る。

一方で、2017年内にタイ・バンコクにゴーゴーカレーを出店する計画も動いている。バンコクに出店するのと同時にタイカレーにも目をつけている。タイはASEAN展開を見据えたOEM工場を作りたいという構想がある。そうすればアジア全域をカバーできる。アジアの土地勘を持つために、宮森オーナー自身が現在、シンガポールの大学でアジアの地政学を学んでいるそうだ。

ジャパニーズカレーをOEM供給する仕組みは、ニューヨークでは目途がついている。全米展開を見据えて。ASEAN向けにはタイ、そして、ヨーロッパ向けにフランスにもOEM工場を作ろうという構想もあるようだ。もちろん、パリ出店も視野に入っている。世界中でカレーを供給する体制が整えば、後は販売会社次第ということだろうか。

「カツカレーを世界に広めたい。それがメインストーリー。自信も手ごたえもある。5大陸55か国にゴーゴーカレーを展開したいですね。世界へゴーゴーですよ（笑）」

ゴーゴーカレーという名のジャパニーズカレーを本流に、インドカレーやタイカレーという武器も携えて世界中でカレーを提供することができるようになったら、宮森オーナーの考える「カレーの総合商社」は本当に実現するかもしれない。

大事なのはイノベーション

一方で、国内での展開も今まで通り、出店を増やし続ける考えだ。これまでのような路面店もいいが、今後はショッピングモールへの出店を意識的に増やしていこうとしている。

最近、ゴーゴーカレーが話題になったのは、政府が方針として打ち出した「プレミアムフライデー」に紐づけた企画だった。毎月最終金曜日に実施される「プレミアムフライデー」に合わせ、関東・北陸エリアの14店舗で、1550円（税込み）で食べ放題になるキャンペーンをはじめると発表したのだ。ネットニュースで拡散し、かなりの集客となった。

話題性のあることを考え、実施するのは、ゴーゴーカレーの得意分野である。食べ放題で感覚をつかんだこともあって、量り売りもいいんじゃないかと検討しているそうだ。一方で5500円のアワビカレーというメニューを輪島店で実施しているが、いつか5万5000円のカレーをメニュー化したいそうだ。「でもカレーで5万円以上取れる食材がないんですよね」と笑う。

話題性には事欠かない。「これからのカレーは、体を作るカレーだと思う」と言う宮森オーナーは、医学博士と共同でカレーの研究をはじめた。自身がトライアスロンをすることもあって、カレーが体に与える影響には関心が強い。スポーツナビゲーターと共同開発した「リカバリーカレー」というレトルト商品はすでに販売されている。体内で生成されない必須アミノ酸を配合したカレーでスポーツの前と後に1食ずつ食べるといいという。

このカレーでスポーツ選手を応援することができたら、2020年の東京オリンピックでは選手村で提供する方針だ。東京オリンピックに向けてはベジタリアンカレーも検討中。また、筋肉を作るカレーを開発して介護業界への参入もしたいと考えている。

「今ね、コーヒーを無料で提供しようかなと思っているんですよ」

唐突に宮森オーナーはそう言った。かつてはお金を取れるものは取るというスタンスが主流だったが、今はなんでも無料の時代。ゴーゴーカレーに行けばコーヒーがただで飲める、というサービスが構想にあるという。宮森オーナーは、「とにかくイノベーションが大事だ」と語る。確かに日本のカレーの世界はかつてはイノベーティブなものが生まれ続けていた。今はどうだろうか。

ゴーゴーカレーの動きを見ていると、日本のカレーに輝かしい未来が待っているような期待を抱かずにはいられない。

ココイチは最終目的地をインドに設定!?

ココイチ、ロンドンへ

あの日本最大、いや世界最大のカレーチェーン「ココイチ」が、イギリスに進出することを発表した。2016年のカレー業界を振り返ったとき、そのことが真っ先に頭をよぎる。カレー店チェーン「CoCo壱番屋」を運営する壱番屋は、新たにイギリスとインドに出店する方針を明らかにした。

カレーのルーツはインドである。そのインドのカレーがイギリスを経由して日本に伝わったのは、今から150年ほど前。ちょうど明治維新のころである。日本で独自に進化したジャパニーズカレーを携えたココイチが、そのルーツをさかのぼるようにイギリス、インドでの出店を計画しているというニュースは、ユニークであり、衝撃的だ。

インドはともかく、今、ヨーロッパでは和食の注目度が上がっている。とはいえ、ここ数年で何度もロンドンへ取材で訪れている僕は、ロンドン市内で人気を誇るいくつかの和食チェーンが日本人による経営ではないことを知っている。薄味でぼんやりしたスープに見たことのないハーブがどっさり盛られた〝野菜ラーメン〟なるものを、イギリス人カップルが赤ワイン片手に食べている光景は珍しくない。もちろん、メニューにはカレーもある。特にチキンカツカレーはどこでも人気だが、カレーソースの味もいまいちピンと来ない。あの街にココイチのカレーが進出したら……。

実は、僕には将来、パリかロンドンでカレー店を出したいという夢があった。おいしいジャパニーズカレーを食べられる店を。具体的にそんな夢を一緒に語り合っていたロンドン在住の事業家の友人に真っ先にこのニュース記事をメールし、感想を聞いてみた。彼からのメールの返信はシンプルだった。「うまくいくんじゃないかな」。そうだよね。僕もそう感じている。先を越された、という悔しい気持ちは横に置くとして、おいしい和食チェーンのないロンドンにココイチのカレーが切り込むわけだから、当然、期待は高まる。僕は急激にココイチのカレーが食べたくなった。

世界最大のカレーチェーン

２０１３年１月、CoCo壱番屋が「１週間で１５１万４０２６食のカレーを販売」しギネス世界記録を打ち立て、同時に「世界で最も大きいカレーレストランのチェーン店」としてもギネス世界記録に認定されたというプレスリリースを発表した。これを聞くと、すでに日本のカレーは世界的メニューの仲間入りを果たしていると思いたくなる。

２０１７年２月現在、ココイチの店舗数は、１４５７。国内が１２９６店でその他は海外である。日本国内のカレー専門店の数が、約６０００軒だと仮定して（詳細はP74参照）、５軒に１軒以上はココイチだということになる。恐ろしいシェアを誇るカレー店である。

これまで、国内にある程度の店舗数を展開したチェーン店はいくつも存在した。C&C、バルチックカレー、リトルスプーン、サンマルコ、カレーのチャンピオン、カレーの王様……。しかし、どの店も50店以上を出店できず、撤退を余儀なくされた店もある。50店の壁を越えているチェーン店は、ココイチを除けばゴーゴーカレーだけである。

なぜココイチだけが圧倒的に店舗数を増やせたのだろうか？　理由はふたつ。味と人にある。

10年ほど前に壱番屋の創業者である宗次徳二氏を取材したことがある。そのときに彼から聞いた言葉が今も忘れられない。

「うちは、よそのカレー店よりもおいしいと言ったことは一度もないんです。カレーの味は、全国の家庭で食べられている味と全く同じでいい。そのカレーを家庭では実現できないサービスで提供することが付加価値になる」

これまで数えきれないカレー店のシェフやオーナーを取材してきたが、「よその店よりうまくなくていい」とか「家庭のカレーと同じ味でいい」といった類のことを発言した人は誰一人いなかった。よく聞くセリフは、「いろんなところを食べに行くけど、やっぱりうちのカレーが一番うまいんだよね」というものである。当たり前のことだ。普通に考えれば「よそよりうまい」と思うからカレー店を開くのだから。

それが仮に独りよがりな発言だったとしても、そのくらい自分の店で提供するカレーの味を愛してやまない人は多い。むしろ、その気持ちこそがカレー店を営む者の必須条件だとさえ僕は思っていた。ところが、宗次氏は、ココイチにはあてはまらない、と否定したのである。カレーの味が普通でいいなら誰にでも実現できたはずだ。ところがココイチには追随するカレー店は存在しない。

僕は、カレー店を経営したことはないが、20年近くの間、出張料理人として全国各地で数えきれない種類のカレーを作ってきた。そんな中で経験値として実感していることがある。それは、あるカレーをおいしく作ろうとすれば、おいしくはなるが、その分、受け入れてくれる人の数は減るという現象だ。

もう少し具体的にいえば、スタンダードなカレーを作ったときに100人中90人が70点をつけたとする。このカレーにはもっとおいしくなるはずだ、とアレンジアイデアをひねり、開発を重ねる。すると、カレーの味は90点になる。ところが、90点をつけてくれるのは70人に減ってしまい、残りの30人は口に合わず、落第点をつけることになる。

70点以上の味わいがその店のカレーにお金を払うに値するのだとすれば、スタンダードカレーもアレンジカレーも70点以上を獲得した人数をかけた総合得点は、630点で同じである。じゃあどちらが店としては儲かるだろうか？　スタンダードカレーは90人がお客となる。アレンジカレーのお客は70人だ。多くの人に合格点をもらえるカレーにするか、少ない人に絶賛されるカレーにするか。店のスタンスは経営者次第だから正解、不正解はない。ただ、客をたくさん呼べるのは、スタンダードカレーである。

ココイチのカレーが家庭のカレーと同じでいいというのは、スタンダードであることが大事だという考え方の裏返しである。家庭にないサービスとは、トッピングであり、大盛りや辛さの調整であり、接客である。ここにお客はお金を払っている。日本で一番多くの人が足を運ぶ価値のあるカレーと判断する味わいを提供すること。これがココイチの強みである。

もうひとつの要素は、人である。壱番屋の社内には、ブルームシステムという独自ののれん分け制度がある。誰でも店長として店を持てる一般的なフランチャイズシステムと違い、まずは社員として働くことが義務づけられる。その後、一定の審査基準を満たしたスキルを持った人しか独立できない仕組みだ。その代わり開業時の資金的な援助がある。独立の基準に達せば、後は本部に残ってスーパーバイザーとしてやっていくのか、オーナーとして独立してやっていくのかを選ぶことができる。このシステムによって、直営スタイルではないが本社と強い信頼関係で結ばれた店舗が増えていく仕組みが確立されているのだ。

味と人によって盤石な体制を築いているのが、ダントツ日本一を走り続ける所以《ゆえん》だろうと僕は思う。

インドにココイチを出したい

ココイチを運営する壱番屋は年商４４９億円（２０１６年5月期）。そのココイチは、２０１５年、ＴＯＢによりハウス食品の傘下に入った。このことについては後述したい。

日本トップのカレーメーカーが外食カレー界におけるココイチの実力を認め、その影響力を欲したことは、ココイチの魅力を語るのに最適なニュースである。

そんなココイチを運営する壱番屋において、イギリスとインドへの出店を最初に口にしたのは、浜島俊哉社長である。2017年3月にイギリスに100％子会社の登記を済ませ、社長に就任した葛原守常務取締役（海外事業本部長）は、壱番屋に20数年勤務し、ココイチの海外戦略を一手に引き受けてきた人物だが、「緊張しています」と表情を引き締める。

事の発端は、社長のひと言だった。

「インドにココイチを出したい。カレーのルーツの国だから」

〝インド人もビックリ〟な計画である。葛原氏はこれまでインドに4～5回、視察に行ったが、すぐに出店するのは難しそうだと判断する。インフラの整備や店舗開発の環境、マーケットなどを見て、今まで見た中でも一番ハードルの高い国だと感じたそうだ。味覚が受け入れられるかどうかとは全く別の問題がそこには立ちはだかっていた。

社長との会話の中でイギリスへの出店が浮上した。インドは厳しい。でもカレーはインドからイギリスを経由して日本に伝わったわけだから、まずはイギリスに出店するのはどうだろうか、という話になった。それがあの発表につながる。

イギリスはかつてからフランチャイズの出店希望者もいた。しかし、今回のイギリス出店をヨーロッパ展開の拠点にしたいとの考えから、まずは直営でやることに決めた。ロンドンでは和食がブーム。人気の和食チェーン店がいくつもあり、ジャパニーズカレーはある程度根付いている場所だ。さらにイギリスは多様な食文化を受け入れる土壌もあるから、「ヨーロッパの中では一番出店ハードルが低いのではないか」と葛原氏は語る。

ロンドンですでに人気のあるカレーメニューは、チキンカツカレーである。葛原氏が視察に訪れて目撃した現地の店の中には、チキンカツが乗っていないのにチキンカツカレーと書かれていたメニューもあったという。さらに問屋と話していたら、興味深い話を聞いた。あるイギリス人の飲食店オーナーが、「チキンカツにつけるディップが欲しい」と注文した。カツ用のソースを出したら、「これじゃない」と言う。やり取りした結果、彼が求めていたのは、カレーソースだったそうだ。

チキンカツカレーをどれほど強調するかは別として、ヨーロッパでの展開に対しては、ある程度の手ごたえを感じている。イタリアのミラノで万博があったときにブースを出して、ヨーロッパの人にココイチのカレーを体験してもらったことがあるからだ。ヨーロッパ諸国の人々がココイチのカレーをおいしそうに食べているのを見て、「これなら受け入れられそうだ」と感じた。

これまで、ココイチは中国、台湾、韓国、タイなどに出店してきた。タイにはタイカレーがあって差別化をするのに苦労した。逆に中国、韓国はカレー文化がないから、浸透させるのに時間がかかった。いずれも孤軍奮闘状態であったが、それらに比べればイギリスというマーケットには少しアドバンテージがありそうだ。ココイチは2017年内にロンドンで1号店を出店する予定で動きはじめている。

上海ココイチの現状

イギリス進出のニュースでカレー界を沸かせたココイチは、すでに中国を中心にASEAN諸国で店舗を展開している。それが日本のココイチとはちょっと装いの違う形態であることは、あまり知られていないのかもしれない。耳を疑うような話だが、中国でのココイチは、高級店という認識でデートスポットとして利用されているというのだ。

それは、誰もが知っているココイチ、すなわち日常的にサラリーマンが利用しているようなイメージの日本のココイチとはあまりにかけ離れている。しかし、テレビなどで過去に取り上げられたニュースを見る限りは、そう報道されている。中国人がデートでカレーを食べる姿をこの目で確かめに行かなければならない。上海への取材へ向かう直前に、現地に長く住み、記者として働いていた知人に真偽のほどを確かめてみた。

「ココイチでデート!? もし、上海の男性が女性や恋人をデートに誘ってココイチに行ったら間違いなく怒られるわよ」

彼女の返答は、極めて拍子抜けするものだった。メディアで聞きかじった情報と現状はだいぶ違っていそうだ。実際に体感してみないとわからない。日本を発つ前に「カレーの取材のために上海へ行く」と周辺の人たちに伝えたが、恐ろしいほど反応が薄かった。冗談交じりに「全然うらやましくない」とか「台湾ならいいけど上海には行きたくない」とか言う人もいた。かつてロンドンへカレーの取材に行ったときはひとり残らず「いーなー」とうらやんでくれたというのに。なぜか上海のイメージは極めてよくない。

2017年1月現在、ココイチは中国で49店舗を展開している。そのうち上海には20店舗以上がある。市内の大型ショッピングモールに入っているココイチを訪ねてみた。大きなフードコートと隣り合わせた形で単独店としてココイチがある。店内は広く、外から見た店構えはシックな雰囲気に品のいい電照看板がかかっていてお洒落だ。なるほど、ここがデートスポットか、と近づいて中を覗くとデートの雰囲気はない。平日だからか、サラ

上海市内の大型ショッピングモールに入っているCoCo壱番屋。

上海のCoCo壱番屋のメニュー。
日本と同様にトッピングやご飯の量、辛さをカスタマイズできる。

リーマンやＯＬで満席状態である。

小盛りでお得な価格となっているカツカレーを35元（約６００円）で食べた。日本のコイチで、ロースカツカレーの普通盛りが７５３円であることを考えると価格の差はあまりない。これが上海に住む人々にとって高級であるということだとは思えない。店内を見渡す以上、食べている人は一般人に見える。味は日本のものとほとんど変わらない印象でおいしくいただいた。

上海をはじめ、中国では、所得格差は今も激しいが、中間所得層が増え、成長が続いている。ココイチを支えているお客はその層である。高級店にデートに行く感覚というのは、確かにかつてのココイチにはあった。２００３年12月に海外担当として上海に駐在し、ココイチの中国1号店を手がけた葛原氏は、初期のころのココイチに「カップルがデートで使うようなお洒落なカフェスタイルにしよう」という方針があったと振り返る。

10年以上が経過した今、ココイチは、広く中間層に支持され、ランチタイムにサラリーマンやＯＬが日常的に食事に行く場所へと変わった。この味が定着したのである。日本で受けていたイメージは、昔のココイチを伝えたインパクトあるニュースによるものだったと実感した。

デートスポットから日常の場所に

葛原氏が上海の地を踏んだのは、ハウスと合弁会社を立ち上げたことがキッカケだった。当時、ハウス食品は、上海で「カレーハウス」というレストランを経営していた。一時は数店舗があったが最後の1店になり、撤退を検討しているときに中国進出へと動きはじめた壱番屋と協業することとなった。

ココイチにとって中国は海外展開の足掛かり。この国に白羽の矢を立てたのは、例にもれず、「中国がこれから経済成長する」というタイミングだったから。当時、中国進出を見据えている日本企業は多かった。２００４年9月に上海1号店がオープンすると、それ以降は、カレーソースの製造、店舗開発、従業員育成などを手がけてきた。2年半の間に5号店まで増やし、帰国した。設立3年で会社を黒字化するという社長との約束も果たしている。

1号店をロードサイドに出したときは、店でカレーを出していると、「いったい何を食べてるんだろう?」といういぶかしげな中国人の反応によく出くわしたそうだ。当時は、居酒屋でメニューの端っこにカレーがある程度。中国人にとってカレーというのは全く初めて出合う料理だった。ちなみに1号店がオープンした年の年末にココイチは国内で1000店舗を達成している。

経営には非常に苦労し、駐在の日本人客にずいぶん助けてもらったそうだ。今は9割が中国人客。悩んだ葛原氏はあることに気がついた。「日本人にとってカレーは国民食だから当たり前のものだが、中国の人から見たら外国料理だ」と。男性は保守的だからトライルしない。チャレンジ精神や新しいものを取り入れる感覚が強い女性向けにお店を作ろう、と思った。2号店の出店が決まったときにそれを早速実現させる。

お洒落なカフェスタイルの店内に現地向けのメニューとしてオムレツカレーを開発した。これが大ヒットする。従来の日本のカレーはご飯に茶色いカレーソースがかかっていて地味だから目立たない。女性には明るくて見た目がきれいなほうがいいだろうし、卵料理も好きだ。結果、集客力が一気に上がっただけでなく、メディアの取材も増え、業績は一気に好転した。クリスマスやバレンタインデーに売り上げの記録を更新するような状態になった。まさにデートスポットだったのだ。

この10年で非日常のココイチは日常のココイチへと変わって定着している。「だからこそ、これからは新しい価値を生めるかどうかがカギとなる」と葛原氏は語る。

成長著しい上海で生き残るには

今、上海の飲食業界は出店ラッシュの状態だ。特に新しいショッピングモールがすごい勢いで増えている。中でも韓国資本や香港資本のモールは集客力もすごく、2016年の段階でショッピングモールの延べ床面積が20％以上伸びているという。レストランは、多くのモールで40％ほどを占めるほどのシェアを誇る。アパレルなどは、近年、ネットショッピング主流にシフトしつつあるため、撤退する店が増える。空いた場所に飲食店が入る。だから、不思議なことに上海のショッピングモールはブランドショップと飲食店が混在しているケースをよく目にする。

宅配はニーズも増えているから、店によっては半分の売り上げを占めるケースもある。飲食業界は好調である。そのせいか、不動産に関しては厳しい現状を叩きつけられる。特に上海では、3年契約などで契約が満了すると家賃が跳ね上がる。契約を継続して運営するなら価格を上げるしかないが、それでは商売が成り立たない。売り上げ好調でもスクラップ&ビルドを繰り返さなければならなくなる現状がある。

実はニューヨークでも不動産に関しては同じ状況だった。契約更新ができず撤退しても、次に入りたい店はいくらでもある。デベロッパーは強気な態度を崩さない。インフレで景気のいい街には似たような傾向があるのだろう。マンハッタンのゴーゴーカレーは路面店を探しまくり、居抜きで賃貸することでこの状況をクリアして営業しているが、上海ココイチは、路面店を出す方針はあまりない。街自体が目まぐるしく生まれ変わりつつある上海では、立ち退きなどのリスクもあるからだ。「不動産投資に関する問題は、レストラン業界全体の課題だ」と担当者は言う。

日本国内のニュースでは「上海バブルははじけた」とよく聞いていたが、僕個人の実感としては全くそんなことはない。取材のために数日間滞在しただけの一記者としての感想にすぎないが、現地で会った何人もの日本人は口を揃えて、「バブルが終わっただなんてとんでもない」と話してくれた。

街中のインフラは整備され、人々の日常的な購買を支えるシステムは進化している。部分的には日本よりもはるかに進んでいる点がいくつもあって、驚かされた。買い物へ出かけてもバーへ飲みに行っても明らかに景気のよさがにじみ出ている。このままでは東京は置いていかれてしまう……。カレーと関係ない変な危機感を僕は感じ、上海という街の勢いを受け流して過ごすことはできなかった。滞在期間は短いが、それほど刺激的な日々である。出国前に関心を示さなかった周囲の人たちにこの空気感をリアルに伝えてあげたいと思った。

ジャパニーズカレー普及への課題

中国におけるカレーは、ニューヨークとはだいぶ違う。「カレーといえば、インドカレーかタイカレー」というニューヨークに対して、上海では「カレーといえば、インドカレーかタイカレーか日式カレー」という認識である。日式カレーとはココイチに代表されるジャパニーズカレーのことだ。もちろん、この存在を知らない人だってまだ多いが、それでも世界的に見ても中国におけるカレーへの関心はかなり高いといっていいだろう。

そういえば、僕の弟がかつてアパレルの仕事でよく上海に出張していたが、取引先の社長などと雑談になるとかなりの頻度で「将来、上海でジャパニーズカレーのレストランをやりたい」と言われたという。門外漢の弟は、何度もアドバイスをせがまれて困ったそうだ。僕自身も「青島でジャパニーズカレー店を出店し、中国全土にフランチャイズ展開したい」という中国人の相談に一度、乗ったことがある。かなり熱心にレシピやテクニックを学ぼうとしていたため、何度かデモンストレーションやレクチャーをするなどして協力したが、突然、音沙汰がなくなった。この手の話はよくあるそうだ。

日式カレーへの注目度は高いが、実際には大都市の上海にすら特に羽振りのいいカレーチェーン店が存在しないことを考えると想像するほど簡単ではないということだろう。一時期上海で8店舗くらいまで増やしたチェーン店があったが、このところ撤退が相次ぎ、今は縮小傾向にある。そんな中、十数年で50店舗を展開するに至ったココイチはやはり特別な存在だ。

中国におけるタイカレー、またはタイをはじめとする東南アジア式のココナッツカレーの認知度はなかなかのものだ。日式カレーよりも歴史が長く、地理的にも陸続きで食文化に関連性が高いことが影響しているかもしれない。ドライなカレー粉よりもフレッシュなスパイス（ハーブ）の香りが印象的でココナッツミルクのコクと一緒に味わうこのカレーは、中国でも人気がある。

上海ココイチでは、カツカレーが最も推していきたいメニューだが、トッピングなどの人気はさまざま。特にオムカレーの人気は未だにすごく、店舗は多くないがいくつか存在する競合のカレーチェーンまでが全く同じスタイルを踏襲するなど、日式カレーのトレンドとなっている状況だ。ココイチでもオムカレーが30%ほどのシェアを誇る店もある。オムカレーは50元（８００円台）以上と決して安くないが、彩り豊かな料理を好む中国人には支持されている。

そんな状況において、今、上海ココイチでは、日式カレーのさらなるファン獲得のためにアイデアをひねっている。取材に伺ったときも日本の社員と中国の社員が入り混じる会議室でブレーンストーミングが行われていた。

ココイチの味について現地調査をすると「タイカレーに比べると少しコクが足りない」という意見が出ることがある。「それはココナッツのコクに起因しているんじゃないか。じゃあ、ココイチでもココナッツカレーを出せばいい」と中国人社員はこともなげに話す。「なぜ、すぐにやらないいんだ？」とでも言いたげである。しかし、「果たしてそれをココイチとしてやっていいのだろうか」と日本人社員は頭を悩ます。

ココナッツカレーは日式カレーではない。じゃあ、トッピングとしてココナッツを用意すればありなのか？　議論は、つい横道にそれてしまう。非日常からスタートしたココイチのカレーは、日本で提供されている味がそのまま中国にやってくることに意義があるというのはもっともである。「守るべきところは守りたい」という日本的な考え方と「商売なんだから受け入れられるものを出すべきだ」という中国的な考え方とがぶつかり合って議論は進む。この〝ココナッツミルク問題〟に、中国におけるジャパニーズカレー浸透の苦労を垣間見た気がした。

海外戦略の陣頭指揮を執る葛原氏は、「自分たちは日本の洋食文化としてのカレーライスを世界に紹介したい」と語る。だから、タイ風にアレンジしてカレーにココナッツミルクを入れるということはココイチがやる必要は感じない。というか、断じてやりたくないそうだ。現地の人の意見に合わせて自分たちがおいしいと思えないものを出すことはしたくない。これが海外戦略における味覚開発の基本方針だ。

それをもっとわかりやすくいえば、中国展開で、たとえば餃子カレーのように中華料理やその食材をトッピングにすることはない。韓国展開でキムチカレーをすることもない。日式カレーがある程度の定着を果たした中国でさえ、やはりお客は非日常食を求めてきているはずである。「朝、自宅で食べてきた料理のようなものがココイチにあっても……」という考え方はベースとして崩したくないという。

「中国において日式カレーという料理がもっと成熟していけば、状況は変わるだろう」と葛原氏は言う。たとえば、今の日本のイタリア料理文化のように現地そのままのイタリアンレストランとたらこスパゲティを提供する店が混在するような形は、中国のカレーシーンでも成立する日がくるかもしれない。でも、それは残念ながら今ではないということなのだろう。まだまだ中国のジャパニーズカレーはそこまで成熟してはいないのだから。

外食カレー店のベンチマークとして

現在、中国国内におけるココイチの売り上げはおよそ1億3000万元。日本円でいうと25億円くらいの規模である。中国で展開する49軒中、48軒が直営。最も新しい1軒がフランチャイズだ。今後、フランチャイズ化により店舗を増やしていく形は検討の余地はあるが、「中国人は自分で商売をやりたい人。だから、フランチャイズがどこまで浸透するかは今後の課題」と現地の担当者は語る。

中国を皮切りに台湾、韓国、タイなどASEAN諸国で店舗展開をしているココイチだが、ASEAN戦略の店舗数に関する目標は作っていないようだ。「1店舗1店舗お客さんに満足してもらう店作りをしよう」がモットーであり、数だけを追ってしまうと進むべき方向がぶれてしまうリスクがあるという。ココイチでは国内においても同じ方針で、店舗増加の目標を持たず、各店が「対前年比101%」という着実な目標に向かって日々サービス向上に努めている。

ココイチは２０１７年3月3日現在で、アメリカ４軒、ハワイ5軒、中国48軒、香港８軒、台湾26軒、韓国26軒、タイ27軒、シンガポール６軒、インドネシア４軒、マレーシア1軒、フィリピン6軒。合計１６０軒以上を展開している。そして、現在、ベトナムでの1号店を準備しているようだ。

ＡＳＥＡＮでの展開はベトナムでちょっと小休止。これからしばらくはイギリスを中心としたヨーロッパに力を入れていくという。そして、その次はニューヨークに行きたい、と葛原氏は語る。

国内では１３００軒近くを展開しているココイチは、圧倒的なトップランナーとして、日本の外食カレー店におけるベンチマークとなっているという自覚はあるようだ。だからというわけではないかもしれないが、ココイチは、これまで価格の値下げを行ったことはないそうだ。

タイミングを見計らって値上げをしていかないと適切な利益が出ないという事情もあるが、ココイチがいくらで提供するのか、が外食カレーの相場に影響するという責任は感じている。確かに価格競争が激化するあまり、ジャンル全体が沈んでいっている例もある。

カレーはラーメンなどに比べて地域性がないのが特徴だ。その点は、カレーメーカーの開発したルウによる貢献も大きいが、全国どこに持って行っても同じ味のカレーで喜んでもらえるカレーは、全国で展開するのにやりやすいジャンルなのかもしれない。創業者が「家庭のカレーと同じでいい」と語ったあの精神は、社内に行きわたり、今も変わっていない。そういう意味ではココイチのカレーの味わいこそがジャパニーズカレーのスタンダードである。

現在、ココイチは、イスラム圏への出店可能性を模索して、インドネシアでハラール対応カレーソースの開発を行っている。東京オリンピックに向けてジャパニーズカレーでハラール認証の専門店を出店したいと考えているそうだ。外食カレーのトップランナーの動きに目が離せない。

ハウスはバーモントカレーを中国に

ハウス食品の海外戦略

ここからはハウス食品の立場からジャパニーズカレーの海外進出について考えてみよう。

前述の通り、ハウス食品グループ本社は２０１５年12月に、カレーチェーン店「カレーハウスCoCo壱番屋」を運営する壱番屋を買収した。ハウスが壱番屋の発行済み株式を公開買い付け（ＴＯＢ）し子会社化した形だ。買い付け価格は1株６０００円で、取得金額はおよそ３００億円になる。

このニュースを聞いたとき、僕は「ハウスはついに日本国内市場に見切りをつけたのかもしれない」と感じた。もちろんこれは全く個人的な見解である。壱番屋の年商は四百数十億円で、経常利益は10％を超える。国内の外食チェーンの中でも超優秀な業績をおさめる会社である。ハウスによる買収は、結果的にＭ＆Ａの成功事例のひとつとなったから、「いい買い物をした」と言ってしまえばそれまでだが、僕の関心は他のところにあった。

ハウスは、10年以上前から中国市場に進出している。中国の一般家庭に即席カレー（ルウ）を浸透させるべく動きはじめたが、日本で聞こえてくる情報を拾っている限りでは、苦戦しているという印象だった。一方でココイチは、中国で50店舗ほどを展開し、認知も高いし、外食ブランドとしても申し分ないイメージを獲得している印象がある。

中国をはじめ、今後、ハウスが海外で即席カレーを販売していく上で、カレーという食体験をしてもらうための装置としてココイチを活用するのは賢い選択だ。一方で日本国内市場は頭打ちの状態が続いている。家庭の食事におけるカレーの吸引力はかつてより衰えているし、少子化や核家族化、食の好みの細分化、低価格競争などさまざまな要因が重なって、今後、即席カレー市場の飛躍的な発展は見込めないのが現状だ。

だからハウスがココイチを傘下に従えるというニュースは、僕にとっては、「ハウスが国内市場に見切りをつけて海外戦略に踏み切った」と解釈してしまいたくなる内容だったのだ。

日本のカレーは、これから先、どうなってしまうのだろうか？　国内での限界に対する不安と海外への発展に対する期待というふたつの感情が自分の中で勝手に入り混じる。実際に中国市場をこの目で確かめてみたい。ハウスとココイチが共に拠点を置く上海へ行こうと思ったのはそれが最大の理由だった。

中国で展開するバーモントカレー

１９９７年に「上海カレーハウスレストラン」を開店したハウスは、２００４年に中国進出を決めたココイチと統合。壱番屋と合弁会社を設立し、ココイチによるレストラン展開を共同でスタートさせた。一方、２００１年にレトルトカレーを発売し、その後、三菱商事、味の素、ハウス３社による合弁事業を開始して即席カレー（ルウ）の中国進出を進めた。より自分たちの販売を強化するためにマーケティングカンパニーを設立。2013年にR&D、生産管理、資材調達すべてを持つ会社を設立した。

上海に工場を作り、現地調達の材料でカレールウを製造して中国での販売に踏み切ったのである。上海の投資会社は、資本金9050万USドル。ハウス本社の資本金が約90億円であることと比較すると、中国進出に不退転の覚悟が見て取れる。成功するまで帰らない、というわけだ。現在は、工場も入れると中国事業全体で、1200〜1300人くらいの従業員を抱えている。

カレー文化がほとんどない中国において、ジャパニーズカレー（日式カレー）の知名度はないに等しかった。そんなマーケットでハウスは孤軍奮闘してきた。最終的に販売したいのが即席カレー（ルウ）であるにもかかわらず、まずレストランを出し、続いてレトルトを出したのには理由がある。カレーを知らない中国人にいきなりカレールウを届けたところで、どう使っていいかわからないからだ。

まずは正解の味を伝えたい。だから完成形でカレーを伝えられるレストランやレトルトカレーを先に展開したのである。それらは一定の役割を果たしたのだろう。満を持して登場した即席カレーは、徐々に中国人家庭で受け入れられはじめている。

今、アジアで中間所得層が爆発的に増加している。実際にはそのうちの約半分が中国だ。いつか中国人のほとんどがルウを買うことになるとしたら、人口から単純に換算すればマーケットは日本の10倍である。特に中国ではカレーに限らず小売り市場が今も伸びている。中国がかつてGDPで世界2位になったときのニュースインパクトがすごかったせいか、日本では「最近は減速気味」というイメージが強いがそんなことはないようだ。だからハウスは中国という国を製造基地ではなく巨大なポテンシャルマーケットと考えている。業務用も家庭用もどちらも展開し、可能性を模索している状態だ。

２０１６年に行った調査では、消費者の半分が日本のカレーライススタイル。半分が炒め物やチャーハンなど独自に自由な使い方をしている。バーモントカレーの世帯普及率（家族の誰かがバーモントを買ったことがある率）は、上海では30％である。同様の調査で日本国内では80％を超えているが、上海でも50％以上を目指したいと担当者は語る。業務用の売れ行きも好調だ。カレー弁当も売れている。中国で１０００店以上を展開するファミリーマートでは、ハウスのカレーを使ったチーズカツカレー弁当が3年連続弁当の売り上げ1位である。

中国事業の売り上げは、２００６年の段階で約3億円だったが、２０１５年には13倍ほどの約40億円にまで成長している。この間の推移は常に右肩上がりである。２０１８年に過去最大規模の工場を大連に作る予定で、今以上に大量生産安定供給を実現させるべく準備万端である。

中国版バーモントカレーの戦略

中国で販売している主力商品のバーモント（百夢多）カレーは、日本のものと味わいが違う。まずソースの色が黄色い。中国人にとってカレーのイメージは黄色くて辛い食べ物。日本のカレーは茶色いためカレーでなさそうに見えるようだ。料理に彩りを気にするため、パッケージの写真にはグリーンピースを盛りつけている。

辛さの表示も「甘口」と書くと「甘くないじゃないか」とトラブルの元になる。だからプレーンをベースに微辛、中辛、辛口、というような気づかいもしている。作り方の表示には、完成したカレーの盛りつけ方までを表示している。よりリアルにカレーを食べる食習慣を伝えたい、カレーライスというスタイルにこだわりたいという思いが裏側にある。

中国でのカレー普及の展開は、「体験の拡散」とセットだ。知ってもらう、味わってもらう、作ってもらう。そのためにハウスはおびただしい数の試食イベントを実施している。

中国で販売されている百夢多（バーモント）カレー。
全体的なイメージは日本のものに近いが、カレーソースの色はだいぶ黄色い。

中国スーパーでの展開の様子。販売員が立ち、試食を行っている。

スーパーなどの売り場での陳列コンテストや百貨店のホールでのイベントなどにも精力的だ。WeChat（中国で最も使われているＬＩＮＥのようなメッセンジャーアプリ）などＷＥＢメディア、ＳＮＳメディアを通じての情報拡散にも余念がない。

ハウスは「中国でカレーを人民食へ」をモットーにしている。その先兵隊がココイチだ、という認識があり、シナジーを期待した協業体制を取っている。だがそれ以上に、ハウス自身の地道な活動により、業績を着実に上げてきていることを改めて実感した。このままのペースで行けば、日本のカレーが本当に中国の人民食になる日が来るのかもしれない。そう考えると何の関係もない僕ですらワクワクしてしまう。

「ハウス本社内では国際事業はコア育成事業と位置づけている」と国際事業の担当者は語る。そして、「日本の人口が減っていくから海外に出ていこう、というわけではない。『海外の消費者のお役に立ちたい』がモチベーションだ」とも。現在の推進体制は、米国センター、中国センター、ＡＳＥＡＮセンター。各事業会社はその下に14の会社で展開している。

カレーに限らず食品事業全体として、海外比率を将来的に20％まで上げていく。そのためにグループの資本を投下していこうという方針にある。中でもカレーに関して特に力を入れているエリアは、ＡＳＥＡＮである。お米を主食としている国を中心にカレールウを販売していきたい、というのが狙いだ。

実は、２００５年に中国で工場を立ち上げた翌年には東南アジアプロジェクトはスタートしている。新興国で所得が増えてくると核家族化してニューファミリーが生まれる。「家族や子供たちの生活向上にカレーで貢献したい」と担当者は語る。家庭は調味料の使用状況、外食などのマーケティングデータから重点地域をインドネシア、ベトナム、タイなどに設定している。ＧＤＰの増加率などから中間層の拡大が見込める国々である。

これからもハウスの挑戦は続く。

第2章

インドからイギリス、日本へ

日本人はなぜカレーが好きなのか

日本人は、どのくらいカレーを食べているのか？

カレーが嫌いな日本人はいない、というセリフが常套句のように使われることがある。僕はいつも「その通りだ！」とおおいに賛成するようにしている。でも、たまに「私の友達にカレーが大嫌いな人がいます」などと水を差されることもある。だから「人類みな兄弟」みたいなテンションで「日本人はカレー好き」と言い切ってしまうのはさすがに語弊があるのかもしれない。

カレーが嫌いな日本人が極めて少ないことは確かだ。好き嫌いは人によって程度の差があるとしても、カレーが国民食であるということは誰もが納得できる。

じゃあ実際に日本人はどのくらいカレーを食べているのだろうか。ここから先は、数字を使ったお遊びだと思ってしばらく付き合ってもらいたい。

全日本カレー工業協同組合による平成22年の調査によれば、内食でのカレー摂取皿数は、

カレー生産実績

	カレー粉	カレールウ	調理済みカレー	合計
平成8年度	5,241	102,179	113,598	221,018
平成9年度	5,118	100,008	117,612	222,737
平成10年度	5,370	96,706	116,932	219,008
平成11年度	5,284	104,032	128,899	238,215
平成12年度	5,107	108,059	122,002	234,168
平成13年度	5,677	99,647	115,149	220,473
平成14年度	4,622	101,975	107,006	213,603
平成15年度	7,028	100,143	117,501	224,671
平成16年度	8,506	97,886	118,789	225,180
平成17年度	8,311	97,952	129,787	236,050
平成18年度	9,058	100,083	124,546	233,687
平成19年度	9,354	103,491	135,313	248,158
平成20年度	8,406	105,164	142,602	256,172

（単位：トン、農林水産省・カレー生産実績調査より）

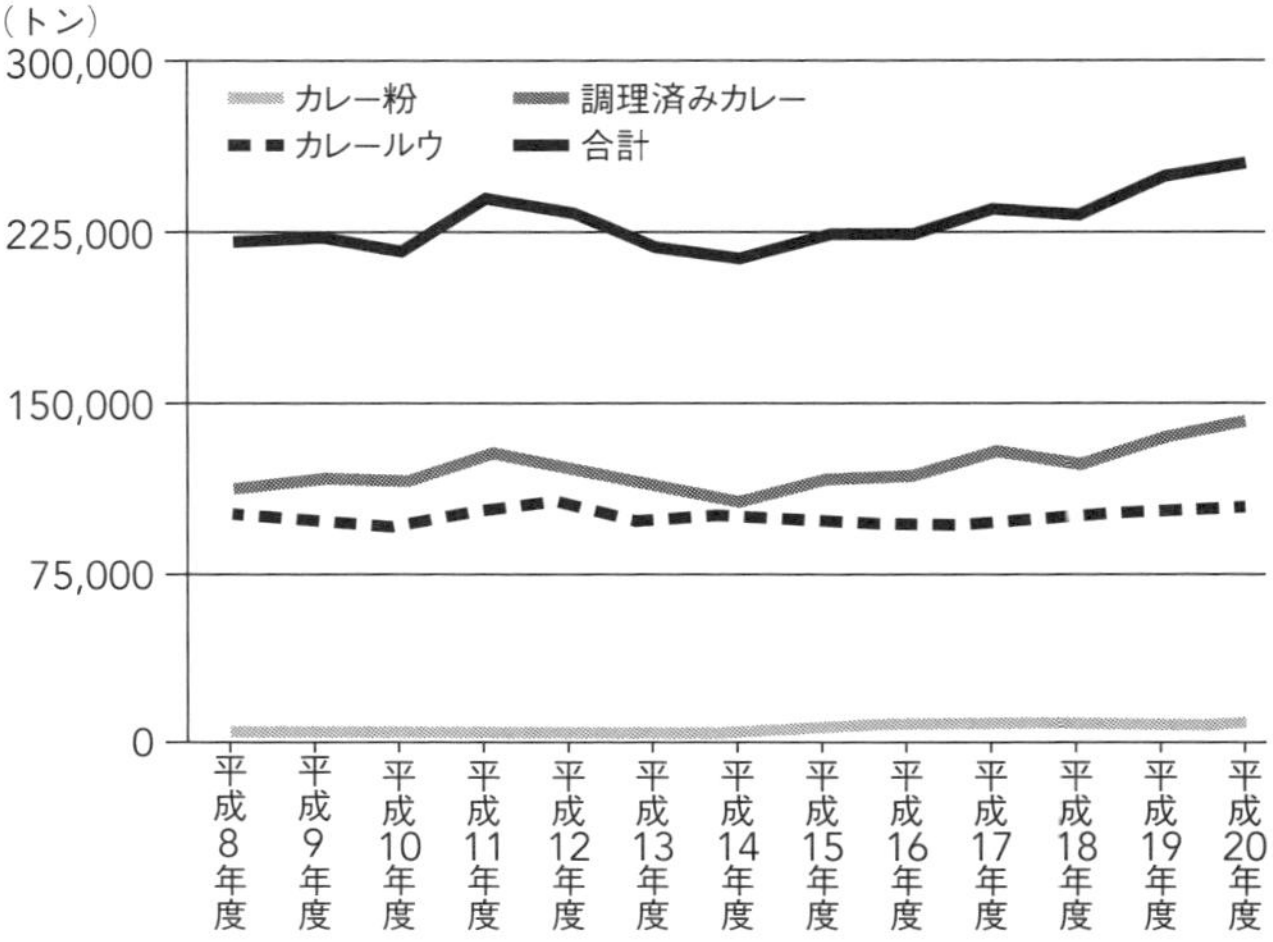

月間平均4皿程度だという。算出方法は、カレールウの年間生産実績10万5164トン、調理済みカレー（レトルトカレー）の生産実績14万2602トン（いずれも農林水産省食品産業振興課「カレーの生産実績調査」の平成20年度分の数値）から作られるカレーの皿数を割り出し、それ以外の手作りカレーなどについて独自に皿数を足して人口で割っている。同組合にはデータがないが、これに外食でのカレー摂取頻度を加えれば、おそらく週に1度以上はカレーを食べていることになる。

もう少し新しいデータとして、エスビー食品は2013年時点での調査を公表している。結果は、1人当たり年間平均、約78回というもの。カレー粉の生産量が年間1万4878トンで、1皿当たりのカレー粉使用量を1・5グラムとして食数を算出し、人口で割っている。その内訳は、中食が約30回、外食が約50回になるそうだ。要するに家で2週間に1回以上、外で週に1回のペースでカレーを食べていることになる。

そして、この計算からわかる日本国民全体が1年に食べるカレーの数は、1万4878トン÷1・5グラム≒99・2億皿となる。なんと我々日本人は、1年間に約100億皿のカレーを食べていることになるのだ！「100億皿のカレー」というタイトルで有名アイドルが歌ってくれたらヒットソングになりそうだ。

それにしても100億皿とはちょっと食べすぎなんじゃないかと心配になる数字である。想像してみてほしい。たとえば、勤めている会社で自分の所属する部署に7名の社員がいたとする。部長も課長も平社員も含めてメンバーの誰かが毎日どこかで必ずカレーを食べていることになるのだから。ほとんど毎日カレーを食べているインド人にも教えてあげたいような事実だ。ちなみに日本のカレーの消費量がインドに次いで世界で2位だとするデータも見たことがあるが、さすがに信憑性のほどはわからない。

日本のカレーの市場規模

これだけの量のカレーが食べられているということは市場規模もかなりのスケールになる。カレービジネスの市場規模に関しては、さまざまなデータが飛び交っていて、どれかひとつを正しいと決めることは難しい。対象は飲食店のほか、即席カレーやレトルトカレー、コンビニやスーパーで販売されているカレー弁当やカレーパンなど多岐にわたることも市場を複雑にしている。

富士経済の調べによれば、カレー市場の規模は全体で約1500億円。うち、中心的な存在となっているカレーショップの市場規模は、2011年で831億円。今後も徐々に拡大を続け、2016年には912億円まで伸びるとしていた。富士経済では、全国に存在するカレーショップの数を約1500店とカウントしており、日本最大のカレーチェーン店「ココイチ」が国内で1300店舗近くを展開していることから、市場の85％以上を独占している状態だと分析する。

一方、タウンページデータベースに登録されたカレーハウスの軒数は、2016年時点で約4200店。これらのカウントにはインド料理店、タイ料理店などのカレーを提供するアジア各国料理店が加味されていない。

タウンページデータベースによれば、2016年時点で登録されているインド料理店の件数は、2600店以上。おそらく、カレーを中心として飲食業を営んでいる店は、最低でも6000店以上は存在するのではないかと思われる。

富士経済がカウントするカレー店とタウンページがカウントするカレー店の数に4倍以上の開きがあると仮定すると、外食カレー市場は3000億円に到達するほどの規模であってもおかしくない。

さらに別の統計も見てみよう。農水省の統計をもとに食品メーカーが公表している規模によれば、レトルトカレー市場が500億円強、即席カレー市場が800億円弱など、これらだけでも1300億円に上る。その他のカレー商品などの市場を加えれば1500億円以上はあるだろう。

外食（2500億円）と内食（1500億円）を足しあげたカレーの市場規模は、ざっと4000億円という見積もりになる。この手の計算は何をベースにどう解釈しても正確性に欠けてしまうのだが、ひとまず、「カレー業界が盛り上がっていてほしい」と強く願う僕の個人的な期待値も含めた皮算用として、カレー市場は4000億円に上る、と仮定してみよう。そして、この楽しい算数をもう少し続けてみたい。

庶民のカレーから高級カレーまで

年間4000億円のお金を1億3000万人の日本人がカレーに支払っている。1人当たりが1年間にカレーに使うお金は、3000円ちょっとということになる。ここでふとした疑問が生まれる。いくらなんでも金額が少なすぎやしないだろうか。外食カレーだけで年間300食以上を食べている僕自身は、実感値として30万円以上の費用はかけている。もちろんこれは絶対に参考にしてはいけないデータだが、一般人が年間3000円で素敵なカレーライフを送れるとは到底思えない。

前出したカレー年間消費皿数は、100億皿である。これをもとに計算してみると、1皿のカレーにかかる金額は、40円ということになるではないか。そんなことがありえるのだろうか。ハウス食品の即席ルウ「こくまろカレー8皿分」の市場流通価格が160円だとして、1皿当たり20円だから、ルウで作るカレーだけで日本人のカレーライフが成立している市場なら納得がいく金額だ。

でも、エスビー食品が公表している「中食カレー：外食カレー」の比率はおよそ「3：5」の割合で外食のほうが多いのである。外食カレーが1杯40円ということはありえない。

最近、「カレーの価格破壊！」と話題になっている「原価率研究所」という名のカレー専門店は1皿200円でカレーを提供しているようだ。日比谷の老舗洋食店「松本楼」では、毎年9月25日にチャリティカレーと称して、1皿10円のカレーを販売しているが、これを1年間毎日実施したら、とっくに「松本楼」はこの世に存在しないだろう。

安いカレーばかり紹介するのはしゃくだから、高級カレーのことにも触れておくと、伊勢志摩観光ホテルのレストランで提供される伊勢海老カレーは、1人前が1万4400円である。ちなみに自慢をさせていただくと僕はこのカレーを2度食べたことがある。1度目は取材だったため無料で提供していただき、2度目はプライベートで訪れて自腹でいただいた。

　この高価な1皿を食べたとすると、日本人5人が1年間にカレーに使う金額があっという間に消えてしまうことになる。日本一の店舗数を持つ「ココイチ」のトッピングを含まないカレーの値段は、税込み463円（2016年現在）である。外食カレーの平均価格は、最低でも500円は超えると考えるべきだろう。だとすると計算が合わないのだ。もちろん情報ソースも調査条件も違うわけだから、計算が合わないのは当たり前だ。それにしても合わなさすぎるじゃないか。

ラーメン業界はさらに巨大

　実は、これまでのカレー市場統計に含まれていないものがある。カレー市場ならぬスパイス市場だ。スパイス市場は現在、約500億円以上あるといわれている。その中身は、たとえば、洋風スパイスで約80億円、粉体スパイスで約164億円などだ。すべてがカレーに使われているわけではないからスパイス市場を足しあげても大差はない。このギャップからくる違和感を解消してくれる視点は見当たらないが、ともかく市場の全体イメージはつかんでいただけたはずだ。

お隣りのラーメン業界は、市場規模6000億円、全国に存在するラーメン店は、2万店とも3万店ともいわれている。内食を支える即席麺（袋ラーメン、カップラーメンなど）の市場も5000億円ほどあるといわれているから、ラーメン市場全体では、1・1兆円を超す計算になる。そう考えればカレー市場はラーメン市場の1／3程度だ。

乱暴な数字遊びはもうこの辺で終わりにしよう。すでに僕の頭はすっかり混乱してしまった。まとめると、とにもかくにもカレーは日本でかなりの量が消費されている。市場規模もそれなりに大きい。とはいえ、日本人の二大国民食として並び称されるラーメンと比較すれば、その市場規模は意外と小さいということになる。カレー文化とラーメン文化の決定的な違いについてはまた後の章（P176）で書きたいと思うが、ここまで紹介してきた数字では表現できない魅力がカレーという料理には眠っている。それはなんなのか？それは日本人が理屈抜きでカレーに惹かれ、特別な思い入れを抱いているという点である。

日本人なら持っている「カレーの思い出」

夕暮れ時、学校からの帰り道、会社からの帰り道にどこからともなくカレーの香りが漂ってくる。近所にカレー店はない。ああ、このあたりのどこかの家では今夜カレーが作られているんだなぁ。そんなことを考えたことのある日本人は多い。「カレーかぁ、いいなぁ」なんて思いながら自宅に帰るとなんと我が家もカレーだった！　という嘘のようなホントの話だって、実体験を持つ人はいるはずだ。僕には何度もそんな経験があった。もっとも水野家はカレーの登場頻度が高かったと自覚はしているが……。

カレーとは日本人にとってノスタルジーを感じたいときに最も頼りにすべきアイテムのひとつである。格好つけた言い方をすれば、カレーは日本人の心の奥に刻み込まれた料理である。

長年続けていることがある。カレーの思い出を募るアンケートだ。「あなたのカレーの思い出を教えてください」。この質問をこれまで少なくとも2000人以上の人々に問いかけてきた。「あるある」と意気揚々と答えてくれる人もいれば、「急にそんなこと聞かれても……」と戸惑う人もいる。でも「笑える話、泣ける話、怒った話、どうでもいい話、なんでもいいから」と再度尋ねると「そういえば！」と誰もが遠い過去に置き忘れてきたカレーの思い出をツラツラと語りはじめてくれるのだ。そこにこそ、「日本人にとってカレーがなんたるか？」の答えが眠っていると僕は思う。

アンケートの回答は、たとえば、こんな感じである。

小学校1年生か2年生のとき、〝初めての料理〟というテーマで夏休みの宿題が出され、母とカレーを作った。初めて庖丁を遣い、何かを切るたびに「ねえ、これでいい？」と母に聞いていた。母は毎回「だいたいでいいんだよ」と答えていた。今思えば母はイチイチ返事をするのが面倒だっただけだと思うが、当時の私にしてみると、「やさしいママ」と感動した。「だいたいでいいんだよ」という詩を提出し、区のコンテストに入選した。

幼稚園のとき、月に一度のペースで行われる「カレーパーティ」のためのにんじんを、ウサギのエサだと思って5〜6本あげちゃって怒られた。そして、泣いた。年中のときのことです。

親戚一同が集まった席で祖母が自慢のカレーをふるまってくれました。みんなで楽しく談笑しながら食べていたのですが、祖母が席をはずした途中、叔母や母が「このカレー、なんか、焦げてない？」と祖母がカレーを焦がしたことを一斉に指摘しはじめました。当時6歳だった私はそれを聞いてなんだか祖母がかわいそうになって、泣いてしまいました。しばらくして戻ってきた祖母は、私はカレーが辛くて泣いているのだと勘違いして、「ごめんね、ごめんね」とひたすら謝られたことがありました。

カレーのことを思い出そうとすると決まって幼少期の思い出が寄り添ってくる。なぜならカレーという料理は物心がついたころから、ことあるごとに、ふと気づくと我々の傍らに存在していたからである。その最たるものが「おふくろカレー」の存在だ。イタリア人にとってパスタが「マンマの味」なのと似ているのだろうか。世界中どこにもかしこにも家族に愛される「おふくろの味」というものは存在する。その日本代表は、おそらくカレーであるはずだ。

たとえば、和食として有名なお寿司や天ぷら、お蕎麦がおふくろの味だという人はかなり稀である。もっと素朴な家庭料理、たとえば、肉じゃがやみそ汁なんてものもあるが、思い起こしてほしい。お母さんの作った肉じゃがの味が忘れられないという人は少ないんじゃないだろうか。

その点、カレーはすごい。日本中が同じような即席カレールウを使いつつも各家庭ごとに食材が違い、隠し味やひと手間が違うから我が家にしかない味ができあがっている。それを習慣的に食べることによっていつしかカレーはおふくろの味になり、脳裏に焼き付くのだ。

カレーの英才教育

おふくろの味を抱えて小学校に通うようになると、今度は学校給食でカレーが登場する。おふくろのカレーとは一味違う。でも、毎月のように繰り返し出てくる何の変哲もないカレーをクラスの仲間と食べるのは、楽しくおいしい。これはこれで好き、となるのだ。だから、カレーは長年、学校給食の人気メニューのトップに君臨し続けてきた。6年間、我々は変わらぬ味のカレーを学校で食べ続ける。

特別なシチュエーションでもカレーは姿を現す。キャンプや林間学校である。仲間が集まってアウトドアで作る料理の定番はカレーである。林間学校に行ってみんなでラーメンを作ったなんて話は聞いたことがない。たいていはクラスがいくつかの班に分かれ、それぞれに独自の方法でカレーを作りはじめる。となりの班の鍋の中を気にしながら何人かで協力して自分たちの鍋に向かうのだ。

この共同作業がカレーを特別においしい味に仕上げてくれる。たとえ、それがまずいカレーになったとしても、思い出に深く刻まれていくことは約束されたようなものだ。こんな風に幼少期を過ごしてしまうわけだから、後は推して知るべし。この時点で食習慣という名のカレー英才教育は完了している。

おいしいものは、脂肪と糖でできている？

日本人がカレーを好きな理由をノスタルジーのおかげだけにするつもりはない。大前提として、カレーがおいしいからである。カレーライスがなぜおいしいのかを論じるのは、少し滑稽な気がする。リンゴがなぜ木から落ちるのかと同じくらい自明のことだ。

少し前に「おいしいものは、脂肪と糖でできている」というコピーが世の中に出回ったことがあった。トクホ（特定保健用食品）のお茶を宣伝するための売り文句である。

テレビCMでは、たとえば、登場モデルが沖縄のソーキそばを食べるとすると、どんぶりになみなみと注がれたスープやそこにドンと浮かんだ肉、ズルズルとする麺の映像の上に「糖」と「脂」という文字がペタペタと張りつけられている。危機感を煽るだけ煽って、最後にお茶のペットボトルが登場する。ある意味、日本のコマーシャルらしくないスタイルで、内容もセンセーショナルだった。

あれを見て、「ホントだ！　確かにその通りだ！」と膝を打った人と「企業が商品を売るための詭弁だ！」と憤慨した人と意見が分かれた。人間がものを食べておいしいと思う重要な要素のひとつに脂肪と糖は確かに存在する。それを認めた上で解釈は分かれるところだ。

じゃあ、日本のカレーはどうだろうか？「おいしいジャパニーズカレーは、脂肪と糖でできている」と言われたら、「何言ってんだよ、それだけじゃないよ！」と僕は猛反対したくなる。

日本のカレーには「うま味」が詰まっている

カレーはどこがおいしいのだろうか？　もちろん動物性の脂肪分は否めない。肉を煮込んで抽出されるエキスは脂肪をたっぷり含んでいてうまい。糖だって活躍している。たいていのジャパニーズカレーは何かしらの甘味を隠し味として使っている。玉ねぎを炒めて甘味を引き出す手法だって、〝糖分の抽出〟である。小麦粉でとろみをつけているケースが一般的だが、小麦粉も糖質の代表選手だ。

こうしてできあがったカレーを糖質たっぷりのご飯で食べる。そりゃ、うまいに決まっている。でも、それがメインではない。カレーのおいしさの根幹を握っているのは、〃だしのうま味〃である。

だしというと、昆布やかつおから取るいわゆる和風だしの印象が強いが、蕎麦屋のカレー丼の話をしているわけではない。ここでいうだしは、主にブイヨンのことである。シンプルに作るのなら鶏ガラや香味野菜を長時間煮込んで取るスープ。もっと手間をかけるなら、コンソメやフォンドボーなどのうま味が日本のカレーを支配している。多くの日本人が翻弄されているのは、このだしのうま味部分である。

とある有名料理雑誌の編集長（当時）がその昔、初めてインドへカレーの取材に行った。帰国した彼に「インドのカレーはどうでしたか？」と尋ねると、彼は苦笑いしながらこう言ったのだ。

「正直いって、日本のカレーのほうがおいしいと思いましたね」

これはおいしさをどこに求めているかをわかりやすく説明するコメントだ。インド料理では、基本的に別鍋でだしを取るというプロセスが存在しない。インドのカレーに求められるおいしさは、だしのうま味ではなく、油とスパイス、塩によって引き立てられる素材自体の味わいである。だからどうしても我々日本人が求めているうま味に欠けるのだ。

「コク」を生み出す秘密のテクニック

もうひとつ、カレーに求めているおいしさがある。それは、いわゆる隠し味と呼ばれる謎のアイテムによる、コクと複雑さである。

隠し味にはありとあらゆるものが使われる。醤油やソース、フルーツ、チャツネはかわいいもので、コーヒー、焼き肉のたれ、マヨネーズなどいくらでも挙がる。

その昔、とあるカレー店の店主は、隠し味について取材した際、「これは内緒だから書かないでほしいんだけど……」と前置きした上で、「うなぎのたれを入れてるんですよ」とこっそり明かしてくれたことがある。何か秘密の取引でもするかのような面持ちだったのを今でも思い出す。彼の名誉のためにもここでは店名を伏せておこう。

ともかく100人に聞けば100通りの隠し味が登場しても不思議ではないくらいバラエティが豊かだ。僕の知人は、カレーの隠し味にチョコレートを入れるのだが、「森永のダースじゃなければ絶対にダメだ」と言い張っている。チョコレートひとつとっても議論が白熱するのがカレーライスの世界である。

隠し味はそれぞれ加える狙いがあるのだが、ひと言で表現するならコクを増すために使われる。前出のアイテムを思い浮かべてほしい。どれもコクをイメージできるのではないだろうか。

そして、これらを複数投入するのがカレーを作る者の楽しみである。すなわちそれによって複雑さが生まれる。食べたときになんとなく奥深い味わいだと感じるのは、このコクと複雑さによるものだ。

ちなみに、つい引き合いに出してしまいたくなるが、インドカレーに隠し味は存在しない。日本では、インドのマンゴーチャツネも隠し味の代表格のように扱われているが、インドカレーでマンゴーチャツネを煮込みに加えるレシピを僕はひとつも知らない。

カレーライスのおいしさを作るふたつのもの

整理しよう。カレーライスのおいしさの根幹を握っているのは、「脂肪と糖」ではない。どちらかといえば「うま味とコク」なのである。

そして、もちろん、決して忘れてはならないのが、カレーをカレーたらしめている張本人、スパイスの存在である。そもそもこれがなければカレーを作ることはできない。スパイスの持つ香りがカレーという料理全体のおいしさを引き立てレベルアップしてくれる。そして、この香りは、食欲を掻き立てるだけでなく、クセにもなる。一度ハマってしまうと簡単にはやめられなくなるのだ。

うま味とコクと香り。これらを存分に詰め込んだカレーという名のソースをご飯にドバドバとかけて食べる。おいしいに決まってるじゃないか。

これほどまでに素晴らしき料理を我々日本人は携えて日常生活を送っているのだ。このカレーライスという料理はいったい、どこからやって来てどう育ってきたのだろうか。

カレーの故郷、インドの食文化

「インド人は毎日カレーを食べている」は本当か

カレーのルーツがインドにあることは誰もが知っている。でも、インド人が日常的にどんな食生活を送っているのかをよく知っている人は少ない。僕は、この10年ほどの間、毎年欠かさずインドを訪れ、インド料理の探究に精を出している。そのことを知ると多くの人がこう尋ねてくる。

「インド人は毎日カレーを食べているんですか？」

答えはもちろん「YES」である。ただ、我々日本人がイメージする〝カレー〟が千差万別だから、スパイスを使ったカレーに似た何かしらの料理を食べているという注釈をつけたくなる。まあ赤ん坊の離乳食から辛みのないスパイスを使って調理することもあるわけだから、毎日カレーを食べているというのは大げさではない。

インド料理をひと言で説明することはできない。さまざまな要素がスパイスの配合のように複雑に関係し、食文化を形成しているのだ。たとえば、宗教。インド国民の実に8割近くを占めるヒンドゥー教では、牛を神聖視する戒律上、牛肉を食べない。豚は汚れた生き物だという認識がある。一方、第2勢力の宗教であるイスラム教徒は、豚肉を食べてはいけない。要するにインドで食べられる肉は、マトンかチキンがメインということになる。

とはいえ、肉を食べるインド人は、それほど多くない。インドにはかなりの比率でベジタリアンの存在がある。特にベジタリアンの人口比率が高い西インドのグジャラート州では、実に60％以上が肉を食べない。

ただし、インドのベジタリアンは、世界のそれとは少し毛色が違っていて、健康に配慮した取り組みだったり、思想やら哲学やらのスタンスのためのものではない。制度や宗教による影響もあるが、貧困が原因のひとつでもある。要するに肉を買って料理をするような贅沢ができないのだ。また、一家に1台冷蔵庫を置けない環境から、タンドーリチキンに代表される、ヨーグルトとスパイスによる生肉のマリネのような手法が育ったという一面もある。

また、動物性のものを口にしないのが欧米のベジタリアンだが、不思議なことにインドでは、乳製品だけは特別扱いである。問題は、殺生につながるか否か。ミルクを飲むのは、殺生にはあたらない。でも、卵は食べない。現に乳製品がインド料理を豊かにしている例は多い。というか、乳製品なしでは成立しない。

地域によって味わいが違うのもインド料理の魅力である。日本でも関東と関西では味わいが変わるし、ご当地料理もたくさんある。インドはわかりやすくいえば、東西南北で味の傾向が違う。州ごとにご当地料理があるという人もいる。あまり知られていないことだが、そもそも主食が違う。北インドはパン。南インドや東インドではライスを主食としている。

西インドは全体的にジャガリーという砂糖で甘味を増幅した料理が多い。ある種、日本の家庭料理的な味わいを持つ。西インドのグジャラートで食べたターリーは、豆を煮た料理にすらどっさり砂糖が入っていて辟易した覚えがある。

一方で西インドで食べるいくつかの野菜料理は目を見張るほどうまかった。東インドの大都市、コルカタで食べたベンガル料理は、「インドにこんなうまいものがあったのか！」と思わずレストランで声を上げてしまいそうになるほどだった。

インドの食とムガール帝国

アーユルヴェーダというインド伝承医学では、人間の体をいくつかのジャンルに分類し、食事のあり方と健康、体作りを強く結びつけている。たとえば、酸化しにくい〝ギー〟という精製バターの存在や、ターメリックのクルクミン成分を吸収しやすくする乳製品との融合などは、現代でこそ西洋医学、分子病理学の観点からその効果が立証されているものだが、はるか太古の昔からアーユルヴェーダでは推奨されてきたものである。すなわち、インドの食文化は、おいしい食事を味わうためではなく、体を作るために存在している部分が大きい。

そのインド料理が食味を追求する方向にある進化を遂げるキッカケとなったのは、ムガール帝国の食文化である。

イスラム教徒の巨大勢力であるムガール帝国が、アフガニスタンからインドへ侵攻したのは16世紀はじめのことだ。17世紀後半のアウラングゼーブ帝時代に最盛期となり、ほぼインド全域を支配したが、ヒンドゥー教徒との融和がうまくいかず衰退し、18世紀には英仏などヨーロッパ諸国の侵攻を受けて弱体化。１８５８年に滅亡している。

この支配下において、土着の質素なインド料理は、帝国の王が食べるにふさわしくなかった。イスラム教には「6つの快楽」というものが存在するという。「食事・酒・衣服・セックス・香り・音」である。このうち「最も崇高で重要なもの」は食事であるといわれているそうだ。そこで彼らは、ムスリムの贅沢でリッチな味わいの料理手法をインド料理に応用し、進化させた。インドで親しまれているムグライ料理と呼ばれるものがそれにあたる。

日本におけるインド料理浸透の歴史

日本におけるインド料理の草分け的存在は、「新宿中村屋」と銀座「ナイルレストラン」だろう。中村屋が日本で初めてインドのカレーを提供したのは、１９２７年のこと。東インド・ベンガル地方出身だったインド独立運動の革命家、ラス・ビハリ・ボースが伝授し

新宿駅東口にある新宿中村屋ビル。
レストランのほか、和洋菓子やカリーパンを販売する系列店も入っている。

銀座の昭和通り沿いにあるナイルレストラン。
夜でも食べられる「ムルギーランチ」が看板メニュー。

た味をメニュー化したものである。だから「中村屋」のカレーは、東インドカレーである。一方、1949年に創業した日本最古のインド料理店「ナイルレストラン」はこの出来事と深い関わりを持っている。ラス・ビハリ・ボースの通訳となり右腕となってサポートした、A・M・ナイル氏が創業したレストランだからだ。ナイル氏は、南インド・ケーララ州の出身。だから、「ナイルレストラン」のカレーは、南インドカレーだ。続いて東京、九段下に登場した「アジャンタ」も南インドの家庭料理を提供する店だった。

ここで疑問が浮かぶ。日本のインド料理黎明期を支えてきたインド料理店のほとんどは、北インドがルーツとなっている。コクがあってクリーミーなバターチキンにふわふわっとしたナン、香ばしいタンドーリチキンなどの組み合わせは、東インドや南インドではマイナーな存在だ。ムグライ料理と呼ばれ、かつて北インドを支配したムスリムの影響を色濃く残したものか、北インド・パンジャーブ州の料理によく見られるのが、日本で大流行したインド料理のルーツである。具体的な店名でいえば、「モティ」、「タージ」、「マハラジャ」、「ラージマハル」、「サムラート」などなどである。これらの店は、後発だが、1970年代後半から1980年代に一世を風靡したレストランたち。すなわち、「中村屋」、「ナイルレストラン」、「アジャンタ」は早すぎたヒーローだった。ただ、孤高の存在として支持され続け、今もなお、トップクラスの人気を誇っているのには頭が下がる。

さて、ここで大事なのは、どの店が古くからあって、どの店が人気で、どの店が偉いのか、などではない。インド料理が日本にいつやってきたのか、である。日本で初めてのインドカリー（中村屋）は、今からおよそ90年前に登場した。日本最古のインド料理店（ナイルレストラン）は、今からおよそ70年前に創業している。日本にカレーという料理が伝わったのは、明治維新（１８６８年以降）のころといわれているから、１５０年近く前になる。当然、「１５０－90」という引き算をせざるを得ない。その結果、浮かび上がることは何か。我々日本人が、「インドカレーは知らないが、カレーは知っている」という時代が少なくとも60年は続いたという事実だ。

おかしいじゃないか。カレーのルーツがインドなのにインドカレーよりも前に別のカレーが日本に伝わっているのだ。そのカレーとは、ブリティッシュカレーというものである。すなわち、日本のカレーはインドから伝わる前にイギリスから伝わっていたのだ。

イギリスはカレーをどう変えたのか

カレーはイギリスからやってきた

ブリティッシュカレーという言葉はほとんどの人にとって耳慣れないものだと思う。それどころか、日本のカレーの直接的なルーツがイギリスであることすら意外と知られていない事実である。

イギリスからブリティッシュカレーがやってきたのは、明治維新のころ。「散切り頭を叩いてみれば、文明開化の音がする」と表現されている時代だ。ちょんまげ頭から卒業したての日本人は、西洋文化に大きな憧れがあった。ヨーロッパから来たものはなんでもまぶしく見えただろう。ブリティッシュカレーがどれほどの輝きを持っていたかは計り知れないが、とにかく、そこにあった。

イギリスから日本へのカレー伝来には大きくふたつのルートがある。「洋食メニューのひとつとして」というものと「海軍メニューのひとつとして」というものだ。どちらのルートであろうと、イギリスで新たに生まれ、一時代、親しまれていたカレーを総称して「British

Curry」と呼ぶ。

いったいどんなカレーだったのだろうか。今、少なくともロンドン市内には昔ながらのブリティッシュカレーを食べさせてくれるレストランは存在しない。僕が2014年に3か月間滞在し、隅々までくまなく探して見つからなかったのだから、きっと姿を消してしまったのだろう。その後、ブリティッシュカレーの残存と思しきカレーをアイルランドで発見したが、その姿は、ひと言でいえば、小学校の給食で食べたようなカレーである。味も似たようなものだった。まずくはないがうまくもない。それが僕の抱いた印象である。

その後、大英図書館に何日もこもって古い文献を調べた結果、19世紀後半に紹介されたレシピがいくつも見つかり、おかげで当時のカレーの姿をイメージすることができ、試作することもできた。

そんな記録の上でのブリティッシュカレーの中で特にメジャーだったスタイルのひとつが、「サンデーローストの余り肉を使ったカレー」である。イギリスにはサンデーローストとかサンデーランチとか呼ばれる習慣がある。日曜の午後に家族や友人が集まって、大きな肉の塊をオーブンで焼き、それをメインにした食事をゆっくり楽しむのだ。このローストト肉、大量にできあがるため、たいてい残る。月曜以降、その残った肉をあの手この手で料理して消費するのだが、そのうちのひとつとしてカレーというメニューが生まれたようだ。ほかにもイギリスにもともとあるシチューをカレー風味にアレンジしたようなものも見つかった。

「カレー粉」という革命

これらのブリティッシュカレーの共通点は、「カレー粉を使う」というものだ。カレー粉はご存じの通り、複数種類のスパイスをブレンドしたもので、イギリス人が発明したといわれている。このカレー粉の誕生は、今も日本のカレー文化の根底を支えている革命的な出来事だった。

イギリス人がカレー粉を開発した理由は、おそらくひとつ。インド人のように単体のスパイスを自由自在に組み合わせてカレーを作る技術がなかったからだ。きっとカレーを作るのに必要なスパイスの配合は、インド人に教えてもらったに違いない。それをあらかじめ混ぜた状態で置いておけば毎度のように頭をひねらせる必要はないというのは、なんともイギリス人らしい合理的な考え方である。

そもそもインドからイギリスへカレーが伝わったのは、インドを植民地支配していた時代のことだ。世界史の教科書にも登場し、記憶の片隅にある東インド会社なるものは、主にアジア貿易を目的に設立されたイギリスの勅許会社。17世紀から19世紀半ばにかけてアジア各地の植民地経営や交易に従事した。この時代にインド料理という食文化はイギリスに伝わり、徐々に親しまれるようになった。その後、1877年、ヴィクトリアを皇帝として推戴するイギリス領インド帝国が成立する。ここから加速度的にインド人がイギリスに流入し、インド料理も伝播するようになった。そんな状況下、インド料理からブリティッシュカレーが生まれたのである。

カレー粉最大の貢献は、複雑怪奇なインド料理のエッセンスをイギリス人でも再現できるようにしたことにある。このことによって多種多様な味わいを持つインドの食文化が、イギリス国内でブリティッシュカレーという画一的なメニューにすり替わってしまったことはやむを得ないことだろう。

象徴的なメニューの登場によって注目や人気を集め、シンプルなレシピで多くの人が再現、体験できるようになると瞬く間に広まっていく。このステップは、珍しくない。たとえば、かつて日本のイタリア料理黎明期において、さまざまなスタイルや味わいを持つパスタという食文化をもとにナポリタンという独自のメニューが生まれて一世を風靡したのに近い。

〝インド料理のような〟カレーをひとふりで生み出すことを可能としたカレー粉。便利な道具を手にしたイギリス人が、じゃあ、おいしいカレーを作ることができたかというとそれは疑わしい。少なくとも史料として残るレシピを見る限りはあまり出来のいいものではないし、実際にロンドン滞在時に試作したブリティッシュカレーは味気ないものだった。

イギリスが生んだもうひとつのカレー

料理は、多くの人にとって手軽でおいしいものがいい。その点、ブリティッシュカレーとは一線を画すカレーが当時のイギリスには徐々に生まれつつあった。それは、アングロインディアンカレー（料理）である。植民地時代、アングロサクソンであるイギリス人とインド人が結婚し、共同生活を送り、2つのルーツを持つ家庭が誕生する例は少なくなかった。結果、イギリス人の口に合うように改良されたインドカレーが発達することになる。それらの多くは、おそらくインド人女性の手によって作られたはずだ。イギリス人が作るカレーとインド人が作るカレーが同時期に存在した。さて、この戦い、結末はどうなっただろう？

軍配は、アングロインディアンカレーに上がることになる。スパイスを使ってカレーを作ることに長けているのはインド人なのだから仕方がない。またブリティッシュカレーが余り物の肉を処理するための料理という、いささか消極的な目的から生まれたのに対して、アングロインディアンカレーは、イギリス人とインド人がひとつ屋根の下で共同の食生活を送るためという積極的な目的から生まれた折衷料理だった。なくてもいいカレーとなくてはならないカレー。そこに大きな差が出るのは必然だったのかもしれない。

勝利をおさめたアングロインディアンカレーの代表格と呼べるのが、〝チキンティッカマサラ〟というカレーである。このカレーのルーツは、インド料理のチキンバターマサラ（ムルグマッカーニ）にあると僕は考える。日本のインド料理店にあるメニューでいえば、〝バターチキンカレー〟である。要するにヨーグルトとスパイスでマリネし、タンドールで焼いた鶏肉にトマト、バター、生クリームなどを合わせることによって作られる濃厚なカレーだ。

ちなみに〝チキンティッカ〟というのはインドでは、骨なしのタンドーリチキンを呼ぶことが多いことからも予想がつく。チキンティッカマサラはイギリス人の国民食だと主張する人も多い。どの街のスーパーを訪れてもチルドコーナーにチキンティッカマサラとライスがパックになった商品を見つけることができる。買ってきてオーブンで焼けばすぐに食べられる。そしてどれもクオリティが高く、おいしい。

モダンインディアンレストランの発展

イギリスにおけるインド料理の独自の進化はとどまるところを知らない。特筆すべきはモダンインディアンレストランの流行だ。ひと言でいえば、高級インド料理。日本ならどんなに高いインド料理店へ行っても食べて飲んで1人5000～6000円程度で済むが、ロンドンで主流のモダンインディアンレストランは、夜の客単価が1万円を軽く超える。そんな店が少なくとも10軒や20軒はある。インド料理をベースにフレンチのようなテクニックや盛りつけが施され、ワインと共に楽しめるメニューに仕上がっている。内装はお洒落で、わかりやすいインド音楽をBGMに流すような店は少ない。ミシュランガイドで星を獲得しているインド料理店が毎年5軒以上出るのもこのスタイルが受け入れられていることを立証している。

高級路線だけではない、モダンにアレンジされたインド料理をカジュアルに提供するレストランも多い。スタイリッシュでありファッショナブルであり、そしておいしい。インド料理の層の厚さやレベルの高さは、世界的に見ても例がなく、最近では、インド国内のファイブスターホテルのレストランがイギリスの物まねをしはじめている状況だ。

イギリスで一時的に盛り上がったブリティッシュカレーは廃れていった。代わりにイギリス人が進化させたのは、独自のインド料理だったのである。その点において日本でのカレーはまるで違う道を歩むことになる。明治維新のころ、イギリスから日本に伝わったブリティッシュカレーは、ジャパニーズカレーへと独自の進化を遂げるからだ。インドカレーを知らない日本人がブリティッシュカレーと向き合った60年は、ジャパニーズカレーという新しい食べ物を確立させるのには十分な時間だった。

第3章

カレー粉、カレールウの誕生

日本のカレー事情

1皿1万4400円の高級カレー

毎年何百食ものカレーを食べ続けている僕が、過去に食べた中で最も値段の高かったカレーは、前述した伊勢志摩観光ホテルのレストラン「ラ・メール　クラシック」の伊勢海老のカレーだ。1皿で1万4400円。ひと昔前なら、「うまい棒、4年分！」とでもたとえただろうけれど、今ならどう表現したらいいのだろう？

伊勢海老のカレーは美しい。鮮やかな黄色をしたサフランライスに明るい茶色のカレーソース。カレーの中央には、まぶしいほどに赤く輝く伊勢海老の頭が覗いている。そこからピーンとそびえ立っている2本のヒゲはやたらと立派で、スペシウム光線か何かが発射されそうだ。スプーンを手に持つ前から、異様なほどいいスパイスの香りとえびだしの風味が漂ってくる。濃厚で深みのある味わいは、食後に払うべき金額を瞬時に忘れさせてくれるほどうまい。

1皿のカレーソースに6〜7尾の伊勢海老を使っているそうだ。信じられない。失礼な

伊勢志摩観光ホテルの伊勢海老カレー。
前日までに要予約。詳しくは問い合わせを。

吾妻橋にあるレストラン吾妻のチキンカレーライス。

がら開発したシェフの気は確かだろうか、と心配してしまう。東京・銀座の「資生堂パーラー」には1万円する伊勢海老とアワビのカレーがあるし、昔から懇意にさせていただいている本所吾妻橋の老舗洋食店「レストラン吾妻」には、5000円の特製チキンカレーがある。

値段が高いのにはわけがある。いい食材を使い手間をかけているのだ。僕は精魂込めて作られた高級カレーが大好きである。ところが、そう声を大にしたところで、ほとんど賛同を得られないことは知っている。今の時代、1皿のカレーが1000円以上したら、「なんで？　たかがカレーで？」となってしまうのだ。「されど……」という反論は聞き入れてくれないだろう。

カレーが庶民の食事になったのはいつか

カレーがB級グルメの代表選手のようになってしまったのは、いつからなんだろうか。日本で初めての外食カレーは、記録として残されている限りでいえば、1877年のものだ。フランス料理を看板に掲げた東京の「風月堂」がカレーを出した。当時もりそば1枚1銭だった時代に、カレーライスはその8倍の値段がした。仮に駅のもりそばが300円だとして、カレー1皿が2400円するのである。サラリーマンは給料日ですら躊躇する価格だろう。

カレーは高級料理だったのだ。その後、高級カレーの流れは続く。1928年に開店した「資生堂パーラー」のカリーライスは、町の洋食屋のカレーが10銭程度だった時代に、5倍の値段、50銭もした。その1年前の1927年に、日本に初めてインドカリーを紹介した「中村屋」は、カリーを80銭でメニュー化している。ここでも街の洋食屋の8倍の価格がする。

カレーが日本にやってきたのは、明治維新のころ。散切り頭から文明開化の音がしていた時代だから、ヨーロッパからくるものには特別な憧れがあったはずだ。そう考えればカレーが高級な外食であって当然だろう。今の時代に置き換えたらどのくらいのインパクトがあるんだろうか。たとえばマニアックな話でいえば、スペインの「エル・ブリ」やデンマークの「ノーマ」が日本に出店した！　くらいの衝撃か。いや、きっとそんなレベルじゃないはずだ。

だって、この情報化社会ならまだしも、ネットはもちろん、テレビもなく雑誌だって今ほど流通していない時代にスパイスの香りが昇り立つ全く未知の料理がやってきたのである。ネス湖のネッシーを見れます、とか、火星人に会えます、とかいうサービスがあったらいくらでも金を出すのと同じかもしれない。

ただ、いつまでも高級だからとお高くとまっていたら食文化は普及しない。もちろん、当時も一方では大衆路線のカレーが出はじめた。1923年の関東大震災をキッカケに大衆食堂がはじまる。その第1号といえるのが、1924年3月にオープンした東京・神田の「須田町食堂」である。大阪なら阪急百貨店である。百貨店オープン時からカレーは爆発的なヒットを飛ばした。カレーはコーヒーがついて20銭。ランチよりも10銭ほど安い値段設定だった。ちなみに1936年の売り上げの記録によれば、1日に実に1万3000食のライスカレーが出たという。

憧れの味が安価に食べられる。この猛烈なお得感が一気にカレーをメジャーに仕立て上げたのだ。1日に1万3000食というのは、にわかに信じがたい数だ。ちなみにココイチは、1日に25万食以上のカレーを提供している。勝手な試算だが、年間およそ1億皿のカレーを出していることになる。ココイチが日本全国47都道府県すべてに出店したのは、1994年のこと。全国津々浦々までにおいしいカレーを届けるという役割を一手に担ってきたカレー専門店である。

話はそれるが、僕は海外に出張に行くと必ずスターバックスを見つけては入ってコーヒーを頼み、席に座ってこれから先の計画を練ったり、調べ物をしたり、原稿を書いたり、物思いにふけったりする。スタバのコーヒーが特別好きなわけではない。ただ、世界中どこへ行っても同じ味わい、同じクオリティのコーヒーとサービスを楽しめるという価値は想像以上に大きい。

そういう点でいえば、ココイチの提供する価値も計り知れない。全国どこでも同じ味わいのカレーを楽しめる場所は、ココイチ以外に存在しないのだから。

ともかく、カレーはかつて、贅沢で高級な食べ物だった。その面影を残すカレーは、ごくわずかに存在するが、どちらかといえば、そのステイタスを放棄することによって、大衆にウケるメジャーな料理として浸透したのである。どちらの流れにも重要な価値がある。ただ、今現在は、カレーの地位は低空飛行をしているといっていいかもしれない。またそのうち、カレー1皿が２０００円しても誰も文句をいわない時代がやって来てほしい。

日本人がたどり着いた理想のスパイス

日本独自のカレー粉が誕生

外でおいしいカレーに出合ったら、「これを自宅でも体験したい」と思うのは普通の感情である。またカレー文化の普及を考えたときに、外食産業の盛り上がりとは別に内食、家庭料理への浸透というのも大事な要素だ。イギリスからカレーライスがやってきた。どうやらうまいらしい。実際に外で食べてみた。これはうまい！　自宅でも食べられないだろうか。

そこにニーズがあるわけだから、当然、食品メーカーは商品開発に乗り出す。輸入品を模倣したカレー粉が国内メーカーから生まれ、そこにさらに味つけまでできるカレーフレークが生まれ、ついにはカレールウが誕生する。結果、カレールウが日本全国の食卓に魔法をかけた。誰が作っても手軽で簡単においしいカレーができあがるなんて信じられないアイテムだっただろう。おかげで、全国で〝あの〟おいしいカレーは再現されるようになったのだ。

そのさきがけとなったのは、もちろん、カレー粉である。カレーがカレーであるために不可欠なアイテム。ひとふりすれば、あの香りを演出できるのだから、当時の日本人がどれだけ驚いたことか。イギリスからやってきたカレー粉で最も有名だったのは、C＆B社のものである。クロスとブラックウェルという2人のイギリス人が開発したこのカレー粉は、瞬く間に日本中に流通するようになった。その製法は当然のことながら秘密にされていた。「東洋の神秘的な製法により……」とだけ謳《うた》われていて、何が使われているのかは知る由もなかったのだ。高価な舶来品だったため、当然、国内で独自に生産できるようにしたいと考える人が現れるようになる。神秘への挑戦がはじまる。

山崎峯次郎の功績

国産カレー粉の開発において、日本で一番の功績を上げたのは、山崎峯次郎という男である。彼は、スパイスが手に入りにくかった当時の日本で、薬問屋などから個別の香辛料を手に入れて、日がな調合に励んだ。その苦悩の日々は、カレー業界では伝説と化している。おびただしい失敗を繰り返し、ミックススパイスが倉庫の中に山と積まれていく。あるとき、失敗の山から何気なく手にしたひとつから求めていたカレーの香りがするのを発

エスビー食品のロングセラー、通称「赤缶」。
カレーに限らず、いろいろな料理に活用できる。

見する。ブレンドしたスパイスたちが一定期間熟成され、香りがまとまったのだ。

結果、1923年に日本で初めての純国産カレー粉「ヒドリ印カレー粉」が誕生する。レシピの存在しなかった日本で、舶来のカレー粉をブレンドするのではなく、個別の香辛料を調合することでカレー粉を生み出すのは、至難の業だったはずだ。そのカレー粉は山崎氏の手によってさらに改良され、1950年に、通称「赤缶」と呼ばれる製品として完成した。そう、山崎峯次郎は、現エスビー食品の創業者である。

彼が世に残した数々の著書は、今も日本のカレー界、スパイス界においては貴重な資料だ。特に『香辛料』という全5巻のハードカバーの本は、山崎氏の執念がにじみ出ているようで、後にも先にもあれ以上に香辛料について突き詰め、膨大な文字量で記した書物は存在しない。日本のカレー文化に最も貢献した人物は山崎峯次郎である、と断言しても異論を唱えられる人はきっといないだろう。

こうして今から70年近く前に生まれたカレー粉は、日本中に支持され、使われることとなる。特に業務用のカレー粉としては今も独占的なシェアを誇っている。すなわち、我々は、いつの間にか赤缶を使って作られたカレーをおいしいカレーのアイコンとして受け入れるようになっていたのだ。

スパイスの種類は多いほど良いのか

赤缶の配合レシピは、エスビー食品内でもほんのごく一部の人間にしか明かされていないトップシークレットだそうだ。かつての取材では金庫に保管されているとの話も聞いたことがある。ただ、この赤缶の配合についてはちょっとだけ異論がある。赤缶は、30種類以上のスパイスが混合されている。ところがカレーを作るのに30種類以上のスパイスを使うというのは、あまり賢明な方法だとは思えないからだ。たとえば、インドでは10種類以下のスパイスを上手にブレンドして数々のおいしいカレーが作られている。

イギリスで生まれたカレー粉も数々の文献（レシピ）を紐解いてみると、たいていは、10種類程度のスパイスを使っていて、それ以上の種類は登場しない。それなのになぜ日本のカレー粉だけが30種類ものスパイスが入っているのだろうか。そのカレー粉の香りは本当にいい香りなのだろうか。

かつて、僕は、カレー粉に関するトークイベントで、自作のカレー粉を3タイプ準備し、赤缶を含めて4タイプのカレー粉をお客さんにブラインドでチェックしてもらったことがあった。僕が作ったカレー粉は、Aが5種のスパイス、Bが10種のスパイス、Cが15種のスパイスを配合したものだ。Dとして30種以上のスパイスをブレンドした赤缶を準備して、すべてを同じ形状の容器に入れ、約60人のお客さんに一番いい香りがどれかのアンケートを取った。

8割以上の票をAとBのカレー粉が二分する結果になった。5種類と10種類のスパイスをブレンドしたカレー粉が圧倒的に人気だったのである。たった60人の被験者で偉そうなことを語るつもりはないが、スパイスのブレンドは、種類が多ければいいわけではないことは、もうずっと前からカレーのルーツであるインドという国の料理で証明されている。

僕が使った5種類のスパイスとは、ターメリック、レッドチリ、クミン、コリアンダー、ガラムマサラである。ガラムマサラというのは、5～6種、ものによっては7～8種ほどのスパイスがあらかじめミックスされたものだから、厳密にいえば、10種前後のスパイスがミックスされたカレー粉ということになるけれど……。

この5種類というのは、日本人が、香りをかいで「カレーだ！」と反応するには十分すぎるラインナップである。僕は、ここ数年、「自分史上最高のカレー粉を作ろう」というタイトルのワークショップをよく開催している。それは、この5種類を準備して、スパイスのブレンドについて解説し、順にひとつずつを加えていく方式で行う。

ターメリックを密閉容器に入れ、続いてレッドチリを加える。この時点では、まだウコンと唐辛子を合わせた状態だから、カレーの香りにはならない。ところが、3つ目にクミンを入れた瞬間にほとんどの人が「カレーだ！」と反応する。それで首を傾げている人がいたとしても、4つ目にコリアンダーが入れば、全員が「おいしいカレー」を連想できる香りになる。5つ目のガラムマサラは必要ないくらいだ。

こんな風にスパイスをブレンドしてカレー粉を作るワークショップができるのは、インド料理というスパイスブレンドにおける先生が存在するからである。インド料理の知見がそれなりにある人からすれば、これら数種類のスパイスでおいしいカレーができることは一般常識レベルである。だから、こんなことで僕は全く偉そうな顔はできない。

多くの人に愛される商品とは

たった5種類のスパイスを配合すれば十分なはずのカレー粉に30種類ものスパイスが入ったのは、山崎峯次郎が試行錯誤した時代にインド人という先生が日本に存在しなかったからである。先生不在の環境で独学でカレー粉作りに挑んだ孤高の生徒、山崎氏は、カレー粉の香りがするまで愚直にスパイスをブレンドし続けるしかなかった。あれじゃない、これじゃないとスパイスを加え続け、30種類ものスパイスをブレンドすることになったのだろう。

料理に「正解・不正解」はないが、一方で商売には「勝ち・負け」がある。すなわちカレー粉として何種類のブレンドがいいのかは好みの問題であるが、商売上は、みんなが買ってくれるものが勝ちとなる。そういう意味では、赤缶は無敗を誇る商品だ。

ブレンドするスパイスの種類が少なければ、選び抜かれた個々のスパイスの香りが際立ちやすく、さらにそれらが高い次元で調和する。料理の世界では足し算よりも引き算のほうが難しい。ただ、多くの人に親しんでもらうためには、足し算をしたほうがいい結果を生む傾向にある。ブレンデッドウィスキーは大衆にウケるが、愛好家はシングルモルトを好むのと一緒かもしれない。

スパイスの香りを楽器から生まれる音と捉えてみても面白い。ジャズの世界でいえば、トリオやカルテットの演奏は、演奏家の個性が出やすい。誰かが少しミスしてしまったら台無しになるかもしれない。でも、20名近い演奏家で構成されるビッグバンドなら、少々のミスは許されるだろう。全体として聴く人の耳には心地よい音楽を届けることができそうだ。3ピースバンドのロックとオーケストラで演奏するクラシックとを思い浮かべてもらってもいい。

どちらの音楽も素晴らしい。どちらのカレー粉も素晴らしい。僕のワークショップでシンプルなミックスのカレー粉に支持が集まったのは、たまたまそういう好みの人たちが多かったからなのだろう。そもそも対象が、カレーのワークショップに足を運んでくれるような人たちだから。

日本にはインド人という先生がいなかった

30種類以上のスパイスをブレンドしたエスビーの赤缶は、何十年もの間、圧倒的なシェアで売れ続けてきた。我々日本人は長い間、赤缶の味と共に育ってきたのである。「これがカレー粉の正解ですよ」という味覚体験を繰り返してきた。すなわちビッグバンドやオーケストラのカレーが日本のカレーの特徴だ。だからレストランのシェフの間では、「赤缶がないとうちの味にならない」という声が今も絶えないという。

こうして、山崎氏の生み出した香りは日本のおいしいカレーのシンボルになった。インドカレーの香りと日本のカレーの香りの違いはここにあるし、世界のカレーを見渡してみても、30種類以上のスパイスをミックスしないと成立しない料理は存在しない。だから、日本のカレーだけが世界において特別な風味を持つ結果になっているのだと思う。

そして、それが日本に独自のカレー文化を生むのにどれだけ貢献したことか！　どんな分野でも知らないことに触れるには立派なマニュアルがついてくる。新商品を買うときも、経験のないサービスを利用したり、新しい技術を導入したりするときも。でも、便利なマニュアルがあるせいで、思考がストップしてしまうこともある。自分で考える必要がなくなるからだ。カレー粉のマニュアルを持たない日本人は、山崎氏に代表されるように長い間、カレーという料理と真剣に向き合ってきた。おかげでカレー偏差値は急上昇したのである。インド人という先生が日本にやってくるのが遅くなって本当によかったと思う。

カレールウが家庭の味を変えた

カレー粉とカレールウの違い

オーケストラ的カレー粉というユニークなアイテムを手にした日本人は、それで満足しなかった。これを使って次のアイテムを生み出したのである。カレールウだ。カレー粉とカレールウというのは、カレーを作るために使われる便利な道具という意味では仲間だが、その実は全く違う商品である。

料理教室をしていると、よくこんな質問がくる。

「いつもカレールウで作っているレシピをカレー粉で代用したんですが、おいしくなりません。なぜですか？」

似たような経験を持っている人はいるかもしれない。詳しく説明しようとすると長くなるが、たいてい僕はこう答えるようにしている。

「それぞれの商品の原材料を比較してみてください」

参考までにここに例を記してみよう。

・カレールウの原材料

食用油脂（牛脂、豚脂）、小麦粉、カレー粉、ソテー・ド・オニオン、砂糖、食塩、でん粉、フォン・ド・ボーソース、乳糖、バナナ、ソースパウダー、ミルクパウダー、フライドオニオンペースト、バターオイル、マッシュルームペースト、リンゴパウダー、香辛料、ぶどう糖、チキンブイヨン、カラメル色素、調味料（アミノ酸等）、乳化剤、酸味料、香料、（その他卵、大豆由来原材料を含む）

・カレー粉の原材料

ターメリック、コリアンダー、クミン、フェネグリーク、こしょう、赤唐辛子、ちんぴ、香辛料

これ以上、何も説明することはない。カレールウがてんこ盛りの味であるのに対し、カレー粉には味がほとんどないのである。同じレシピのカレーにある日はカレールウを使い、別の日にカレー粉を使ったらどんなに差が出るのか、誰もが想像できるに違いない。それ

だけカレールウは、ハイブリッドなアイテムなのである。

カレールウの4つのパターン

カレールウが全国の家庭で一般的に使われるようになったのは、1960年代前半ごろと考えていいだろう。全国的にヒットし、一時期は市場シェアの過半数を奪うまでの商品に成長したハウス食品「バーモントカレー」が発売されたのは、1963年のことである。

主要カレールウ発売年表

1963年	【甘口】ハウス「バーモントカレー」
1966年	【スパイシー】エスビー「ゴールデンカレー」
1968年	【スパイシー】ハウス「ジャワカレー」
1973年	【高級】エスビー「ディナーカレー」
1983年	【甘口】エスビー「カレーの王子さま」
	【高級】ハウス「ザ・カリー」
1995年	【コク】グリコ「熟カレー」
1996年	【コク】ハウス「こくまろカレー」
2001年	【コク】エスビー「とろけるカレー」
2004年	【高級】グリコ「ZEPPIN」
2013年	【甘口】エスビー「ハピファミカレー」

そう考えると、54年が経過した今も同じブランドが市場に残っているのはすごいことだ。

バーモントカレーだけではない。「ゴールデンカレー」も「ジャワカレー」も「ディナーカレー」も「熟カレー」も、発売以降未だにスーパーマーケットの棚に残り続けている。

要するにカレールウ市場（即席カレー市場）

はずっと顔ぶれが変わらないのである。即席カレー市場は、これまで大きく4つの分野において各社の商品がしのぎを削る争いを行ってきた。

1. スパイシーカレー
2. 甘口カレー
3. コクのあるカレー
4. 高級カレー

はじめに生まれた分野は、スパイシーカレーである。当初、カレーは辛いのが当たり前だった。エスビー食品のゴールデンカレーに象徴されるスパイスの香りや刺激が際立ったカレールウが主流だったが、その常識に待ったをかけたのが、バーモントカレーである。独自のマーケティング調査により、母親と子供をターゲットにした甘口のカレーに勝機があると踏んだ。「カレーが甘いなんてありえない」という社内の反対意見も出たそうだが、発売したカレーはまもなくヒットする。

辛い、甘いという味わいとは別のものさしを提案したのが、グリコの「熟カレー」である。「ひと晩寝かせたあのうまさ」というキャッチコピーは斬新だった。「コク」というおいしさを日本人に印象づけた熟カレーに触発され、「こくまろカレー」などのルウが追随した。結果、1990年代以降、カレールウのブランドは多様化した。

高価なカレールウとして、ハウスのザ・カリー、エスビーのディナーカレー、グリコ「ZEPPIN」などが生まれた。その後発売された「熟カレー」や「こくまろ」はスーパーで特売対象となり、安価なカレールウのイメージが定着した。ただ多様化といえどもプレーヤーの数は少ない。カレーメーカー大手のハウス食品やエスビー食品でも、主力で売れているカレールウのブランドは、3つ程度というのが現状だ。

カレールウは、ブランドスイッチが起こりにくい市場だといわれている。それは、おふくろの味として各家庭で習慣的に食べられているということに関連する。「いつもと同じおいしさ」を作るアイテムとして、ある家庭であるブランドのルウが選ばれる。そのルウは、その家庭において、「おいしいカレー」の基準を作ってしまう。すると、別のカレールウを買ってきたところで、「この味じゃない」となるケースが少なくない。

家庭の味を決める主婦や母親もリスクを背負いたくないから、なかなか新しいブランドに手を出したがらない。よって、新商品を出しても売れにくいし、ブランドスイッチも起こりにくいという結果になる。

競合のカレールウに残されたチャンスは少ない。それは、ある家庭の生活環境がガラリと変わるとき、すなわち家庭の構成メンバーが変わるときである。大きくは2通り。ひとつは結婚するとき。Aという家庭で育った男性とBという家庭で育った女性が結婚する。ここで、Aで食べられていたバーモントカレーとBで食べられていたゴールデンカレーがバッティングする。「じゃあ、半分ずつブレンドして使おうか」なんていう建設的な協議はほとんどの場合、行われない。混ぜたところで両者が納得する味にはならないからだ。このとき、バーモントカレーにするかゴールデンカレーにするか、いっそのこと、新しいカレールウにするかが決まる。ここでブランドスイッチのチャンスはやってくる。

もうひとつは、子供が生まれたとき。このときも家庭の構成メンバーが変わる。しかも、このときは、当然、子供の味覚に合わせたカレールウが選ばれる。そのため、Aの男性やBの女性の好みはともかく、甘くてまろやかで食べやすいカレールウを子供のために選ぶことになるのだ。ここで2度目のブランドスイッチがやってくる。

ちなみに僕が幼少期に食べていたのは、ジャワカレーの中辛、もしくは辛口である。これは極めて稀な例だ。父親が、「子供の味覚に合わせる必要はない。子供は大人が食べたいものを我慢して食べればいいんだ」という典型的な亭主関白ぶりを発揮していたため、僕は小さいころからスパイシーなカレーを家庭で食べるという極めて特殊な環境で育った。

ほかにブランドスイッチが考えられるとすれば、子供が成人し、巣立っていくときだろう。年老いた夫婦が家庭に残る。ただこの場合は、残念ながら、家庭でルウカレーを作って食べる機会自体が減ってしまう傾向にあるのかもしれない。

バブルのような日本の経済が大きく変化したタイミングにもチャンスはやってきただろう。日本全国の家庭が豊かになった。水野家もその時期、ジャワカレーから高価なザ・カリーにスイッチしたのを記憶している。

一番おいしいカレールウは何か

ところで、料理教室をしたり、ルウで作るカレーのレシピ本を何冊も出版していたりすると、よくこんな質問を受ける。「市販のルウで一番おいしいのはどれですか？」。これがかなり答えに苦しむ質問だ。正直いって答えはない。答えは、それぞれの人の中にある。ブランドスイッチを起こさずおふくろの味を創ってきたカレールウは、優位性が語りにくい。それぞれの習慣に裏打ちされた「おいしいカレールウ」が存在するから、僕が、「これです」と勧めたところで正解になる確率は低いのだ。

そういう点でいえば、僕個人にとっては、ジャワカレーとザ・カリーがおいしいルウということになる。それで育ったのだから必然的なことである。専門家として少しでも客観的な意見をいわせてもらうとすれば、ディナーカレーはバランスが取れていてクオリティが高いと思う。だから、僕は、自分が食べたいときに作るならジャワカレー、料理教室を実施したりレシピ本を作ったりするときに使うのはディナーカレーと決めている。

後は、それぞれのルウの特徴を説明して、「試してみてください」と言うしかない。「もっとスパッと明晰な答えが欲しい」という人もいるだろう。そんな人のためにひとつだけ準備している回答がある。「値段の高いルウを買ってください」というものだ。そんなことをいったら怒られるだろうか。でもこれが一番客観的にできるアドバイスだろう。高価なルウは原材料にお金がかかっている。安価なルウよりも味のクオリティは高いのだ。

カレールウの調理法に正解はあるのか？

もうひとつ、カレールウに関してよく聞かれる質問がある。「市販のカレールウは、箱に書かれた通りの作り方で作るのがおいしいんですか？」だ。これについても曖昧な回答をせざるを得ない。要するに、箱の裏に書かれたレシピが正解であり、不正解でもあるのだ。

玉ねぎを一所懸命炒めたり、隠し味に凝ったり、色々アレンジすることでカレーがおいしくなると考える人が多い。でも、「箱の裏の通り」推奨派の意見は、「食品メーカーでは、開発のプロが寄ってたかって長い期間を費やしてひとつのカレールウを商品化している。つまり、できあがったカレールウは計算しつくされたものだから、素人が適当なことをやったら、緻密な計算が崩れてしまう」というものだ。

これについては僕にもほんの少しだけ責任があるかもしれない。10年以上前に、ＮＨＫ「ためしてガッテン」でカレーの特集があった。僕は番組制作の企画段階からチームに入って協力させていただき、出演をして「ガッテン流カレー」のようなものの提案をした。この番組の中で、４人の主婦がそれぞれカレーを作って、ある食品メーカーの官能研究所の人たちが味の判断をする、というコーナーがあり、腕に自信がある熟練の主婦たちが、料理をほとんどしない新婚の主婦に負けた。腕に自信のない新婚さんは、箱の裏に書かれた通りに作ったのが勝因だったのだ。

つまり、カレールウの箱の裏に書かれたレシピは正解です、ということになる。ところがそうではない場合があるから難しい。これは、カレーの味が80点なのか１００点なのかということが関わってくる。食品メーカーの優秀な開発者たちは、多くの人から80点をもらえる味の落としどころを探っている。結果、特定の誰かにとって100点になるよりもできるだけ多くの人にとって80点になる味ができあがる。

100点のカレーは作る人それぞれの中に存在する、ということになる。だから、玉ねぎを炒めたりチョコや醤油を入れたりすることで、メーカー推奨の味は壊れるが、私だけのプラス20点が実現し、「私の100点」が生まれる可能性はあるのだ。

そして、さらにややこしいのは、カレーは、足し算と引き算を繰り返す料理であるという点にある。あるカレールウで箱に書かれた通りに作る。おいしい。でも何か物足りない。玉ねぎを増やしてみたらさらにおいしくなった。チョコを入れたり醤油を入れたりして足し算をすればするほどおいしいと感じるようになる。ところがある段階で、それが飽和すると今度は、引き算がはじまるのだ。

無駄を省いてみようと、少しずつ材料やプロセスを引きはじめる。すると不思議なことにスッキリとシンプルな味わいになって、これまでよりもおいしくなったような感じがする。いいぞ、いいぞ、と引き算を続けると今度はまた別のものを足したくなる。これが全国の家庭で作り手の数だけ行われていると想像してみてほしい。おいしいカレーの正解をひとつに決めるなんてことには誰も挑戦したくなくなるだろう。

だからこそ、カレーの世界では、これまで「おいしいカレーのレシピ」をめぐってさまざまな提案がされてきた。「これはどうですか」「こんな作り方もありますよ」。あの手この手が提案される。誰も「この作り方こそが正解だから他はやらなくてよろしい」と言えない。数々の〝おいしいカレーの作り方〟を情報としてキャッチした僕たちは、その中で自分の好みや足し引きのステイタスに合ったどれかをチョイスしてトライしているのだ。

この提案によって日本のカレーのレベルは上昇した。でも、この提案が、家庭のカレーの、とある魅力を壊すことになるとは誰も想像しなかったかもしれない。

家カレーの悲しい思い出

家庭におけるカレーは長い間、ルウが支配し続けてきたが、この家庭のカレーに思わぬ展開が待ち構えていた。

カレールウは具体的に家庭で料理を作るあるタイプの女性を助けた。それは料理が得意でない女性だ。なぜなら、誰がやっても失敗なくおいしいカレーができあがるアイテムだったから。必然的に全国の家庭でカレーが登場する頻度は増えた。「今夜はカレーよ」という掛け声とともに〝あのおいしいカレー〟が夕食に登場する。家族は大喜び。カレーは幸せな家庭の一家団欒の象徴となった。カレーの地位は急上昇していく。

ところが、予期せぬ事態も待ち構えていた。実は、カレールウが別のタイプの女性の味方にもなっていたのだ。それは、忙しくて家族の料理を作る暇のない女性だ。子供が家でお腹を空かせて待っている。仕事で帰りが遅くなった母親は、帰宅後に1時間も2時間もかけて料理をしている暇はない。そこでカレーが登場する。

もしくは、母親は今夜、友達と約束があって、子供と一緒に夕食を取ることができない。何かを作り置きして出かければ自分がいなくても子供は自分で夕食を済ませることができるだろう。そこでもカレーは登場する。幼いころのカレー体験について、「いい思い出がない」と答える人がたまにいる。そのほとんどの人の理由が、「夕食がカレーの日は母親が自宅にいなかったからだ」と。こう答える人もいた。「母親が自宅に一緒にいても、『今夜はカレーよ』と言われると、『手抜きしたな』という残念な気持ちになった」と。いずれもカレーに対してのイメージが極めて悪い。カレーに罪があるわけではないのだけれど。

かつては一家団欒、幸せの象徴だったカレーが、一転して、家族が家にいない孤独な食事の象徴になったのである。「便利である」ことが「手抜きをした」と価値を下げ、逆に

「不便である」ことが「手間をかけてくれた」と価値を上げることもある。どちらも欲しいという欲求に応える方法はないのかもしれない。もちろんこの事態が必ず同じ時系列でどの家庭でも起こったというわけではない。ただ、時代の流れと共に家庭でのカレーの地位も徐々に落ちていったことは事実だ。

おふくろの味は人それぞれ

カレールウ最大の功績は日本人に新しい〝おふくろの味〟を授けたことかもしれない。市販のカレールウは失敗しないことにおいては本当によくできている。だからこそ、家で作られるカレーはいつも同じ味だった。同じ味のカレーを繰り返し食べる行為は、そのうち完全に習慣化する。その結果、カレーは日本を代表する「おふくろの味」へと進化したのだ。日本全国で同じようなカレールウが使われ、同じような味わいのカレーが作られる。それが個々の日本人のおふくろの味になるのは不思議な現象だ。

こんな経験はないだろうか。幼いころ、友達の家へ遊びに行って、夕食をご馳走になることになった。その日はカレーだった。友達が普段食べているいつものカレーを自分は初めて食べるのだ。食卓に運ばれてきたカレーを見て、息を呑む。んんん？　うちのカレーと全然見た目が違う。ひと口食べてまた息を呑む。味も全く違うじゃないか！「うちよりうまい」となる場合もあれば、「うちのほうがうまい！」となる場合もある。おそらく後者のほうが多いだろう。なぜならうちのカレーはおふくろの味だから。

いずれにしても同じようなカレールウで作られたカレーのはずなのにできあがりの味がまるで違うのには驚かされる。使う具が違い、調理プロセスのちょっとしたアレンジが違うだけでカレーは別の味になる。これもまたカレーの魅力だ。すなわち、日本の家庭のカレーは、同じ道具を使って違う味わいが家庭ごとに作られ、それが各家庭内においてはいつも変わらぬ料理として提供され続けるという宿命を辿った。

スキルアップの弊害

こうしてカレーは多くの日本人にとって特別な存在でもあり、興味の対象ともなったのだ。ところが、この家庭で作られるおふくろカレーにも近年、異変が見られるようになった。家庭のカレーの吸引力が弱まっているのではないかと危惧している。最大の理由は、核家族化や共働きの増加などにより、家族が全員集まって大鍋で作るカレーを食べる頻度が減ってきたことにあるのかもしれない。

もうひとつ、原因がある。それは、家庭でカレーを作るおふくろのスキルが上がり、カレーのレベルが高くなったことにあると思う。カレーがうまくなったせいで吸引力が落ちた、というのは、ちょっと理解に苦しむかもしれないが、これはありえる現象である。

昔は、ごく簡便なスタイルでカレーが作られていた。ところが、テレビや雑誌でおいしいカレーの作り方が披露され、レシピ本が世に出るようになると、カレークッキングのスタイルが変わってくる。現に水野家では、僕が中学生ぐらいのころに母親は玉ねぎをよく炒めるようになり、豚の角切り肉だった具を鶏手羽元に変更するようになった。そのほうがおいしくなるとの情報をどこかで入手したのだろう。

こんなことはおそらく全国の家庭で行われるようになる。確かにカレーはおいしくなったかもしれない。ただ、「おふくろカレーがおふくろカレーであり続ける」ために大事だった要素は、「おいしかろうがおいしくなかろうが、同じ味のカレーが習慣的に登場し続けること」だったのだ。母親が知識とテクニックを身につけ、毎回、新しいトライアルがされるようになると少しずつカレーの味は進化していっても、「ああ、やっぱりこれがいつもと同じおふくろのカレーだよなぁ」という感慨には浸れなくなる。

外で食べるようなおいしいカレーを家でも作りたい、というのは純粋な願望だ。そのための手法は色々とある。ただ、やはりカレー店を営むプロのシェフが作るようなカレーの味にはたどり着けないということなのだろうか。カレー店のようだけれどカレー店の味になりきれないカレーが家で出てくると、「これなら外でカレーを食べたほうがいい」となってしまうのだろうか。

これらが家庭におけるカレーの吸引力を低下させている原因となっているんじゃないかと僕は思う。家庭のカレーがおいしくなるのは、嬉しいことでもあるし、寂しいことでもあるから複雑だ。おふくろカレーのあるべき姿とはどんなものなんだろう。お店で食べるようなクオリティの高いカレーが同じ味で安定して家庭で出るようになったら、またおふくろカレーが復権する時代がくるのかもしれない。

カレーの小学校を作りたい

料理レシピ検索サイトのクックパッドでは、ワードごとに検索頻度をカウントできるようになっている。〝たべみる〟という独自のデータ分析ツールでは、クックパッドにおける検索1000回のうち、どのワードに何回の検索があったのかをカウントしているが、その結果によれば、「カレー」のレシピが検索された回数は、2016年の1年間で平均5

回（女性20歳〜69歳）である。

検索される料理のジャンルが幅広いとはいえ、1000回中5回という数値は、国民食というにはとても残念だ。さすがにラーメンのレシピを検索する人は少ないだろうから参考にはならないが、たとえば、同じ年のパスタが平均14回、うどんでも平均6回あることを考えると、家庭で作るカレーの人気に陰りが見えているのではないか、と不安になってくる。

ちなみに2010年1年間のカレー検索回数は、1000回中平均7回というデータが残っているから、2010年の時点ですでに数値としては低いし、6年後に平均5回に減っていることから推測すると5年後や10年後がどうなることだろう、と怖くなる。

今、日本のカレー文化に危機が訪れているのかもしれない。カレーは原体験にいい記憶が残っているからこそ、日本の国民食であり続けてきたのだ。人々の好みが細分化し、それに伴って世の中にバラエティ豊かなカレーが次々と提案されていくのはいいことだと思う。でも一方でみんなが同じようなカレーを食べて熱狂することがなくなってしまうのは切ない。

僕は時間が許すなら全国の小学校をまわってカレーの料理教室をしたいと考えている。お父さんやお母さんが同伴のワークショップでもいい。名前はもう決めている。「カレーの小学校」だ。そんな機会を本当に作れるのか、そんな時間が自分にあるのかは別問題として、小学生にカレーの魅力を伝えたい。カレーを作るって面白いんだな、カレーっておいしいんだな、カレーをみんなで食べるって楽しいんだな。そういう体験をしてくれれば、彼らが大人になったとき、また家庭のカレーが復権するときがやってくるかもしれないと考えているのだ。本当はそういう取り組みは財力も体力も十分にある企業が本気になって行ってほしい。それが企業の将来的な成長も支えるはずだと思うのだけれど……。

レトルトで細分化するカレー

レトルトカレーという名の革命

カレールウの販売量は、足踏みを続けている。原材料の高騰などの影響によりメーカー各社が価格改定に臨んだことから、即席カレー市場規模（売上高）としては微増しているものの、買われているカレールウの数が劇的に増えているわけではないし、これからも大幅に増加することは考えにくいだろう（P71参照）。

一方でカレー市場で堅調なのは、レトルトカレーである。販売数、市場規模ともに伸びている。核家族化や女性の社会進出により一家団欒の機会が減少し、家族それぞれが個別のタイミングで食事をするようになると、大量に作るカレーを都度温めるよりも、1人前ずつ小分けにされたレトルトカレーを使うほうがいい。忙しくて料理をする時間のない人にも簡便性がウケている。今の食生活スタイルにあっているのだ。

そのうち都会に暮らす人々の生活から自宅で調理するという行為が減少し、東南アジア諸国のように朝から街の屋台で食事を済ませて出社するようなスタイルに変化するんじゃないかと危惧（期待？）するような意見もある。そんな時代にレトルトカレーというアイテムは頼れる味方である。

アポロ11号と「ボンカレー」

日本で初めてレトルトカレーの開発に成功したのは、大塚食品だ。加圧加熱殺菌により常温流通を可能としたレトルトパウチという保存方法は、1968年に生まれた。これは日本初であり、世界でも初めてのことだった。「3分間待つのだぞ」のテレビCMでおなじみとなった「ボンカレー」である。

開発のヒントとしたのは、アメリカのパッケージ専門誌『モダンパッケージ』に掲載されていた「US Army Natick Lab」という記事。スウェーデン軍が従来の重くて持ち運びにくい不便な缶詰を使う代わりに、軽くて保存の利くビニールの真空パック携帯食の開発をしているというものだったそうだ。大塚食品がこの情報をもとにカレーに応用した。名前は、フランス語の「おいしい」を意味する「ボン」から取った。

調理済みのカレーが3か月も常温で保存でき、食べるときには3分茹でるだけだなんて、嘘のような話に市場はかなり懐疑的だったという。ところが、発売した翌年に思わぬニュースが背中を押すことになる。1969年、アポロ11号の月面着陸だ。世界中が熱狂したあの放送の中で、宇宙食として採用されたレトルト食品を宇宙飛行士が食べている映像が繰り返し流れた。不信感を抱いていた消費者の意識が変わり、「ボンカレー」は飛ぶように売れはじめる。発売から5年後の1973年には年間販売数量が1億食に到達したという。

日本のレトルトカレーは、軍隊食にヒントを得て開発され、宇宙食に背中を押されて受け入れられたのである。

個人の好みに応えるレトルトカレー

その後もレトルトカレーは、進化を続けている。湯煎するのではなく、最近は、電子レンジで温められるタイプも増えてきた。「3分待つ」ことに変わりはないが、お湯を沸かす手間さえ省けるようになったから、コンビニでレンジで温めるライスを買えば、その場でカレーライスが食べられることになる。技術革新によって利便性が追求され続ける点は、レトルトカレーの世界も同じである。

レトルトカレーが支持されている理由は利便性、簡便性だけではない。ルウカレーのときにも触れた、好みの細分化である。家族の食事するタイミングが違うだけでなく、家族の好みもひとつではない。お父さんとお母さんと娘の3人家族でカレーを食べる場合、かつては、誰かの好みに合わせたルウカレーが1種類だけ作られていた。でも、3人の食べたいカレーの味が違うのだから、個別にカレーを選べたほうがいい。レトルトカレーはそのニーズを叶えてしまう商品なのだ。

レトルトカレー百花繚乱

現在、日本で発売されているレトルトカレーの種類は、いったいどれほどあるのだろう？正確にカウントする方法はなさそうだ。僕は15年以上前からレトルトカレーのパッケージコレクションをしている。1000種類を超えるまではカウントしていたが、それ以降は、自宅に収蔵するパッケージの数はいくつになったのか数えたことがない。10年近く前にすでに1000種類を超えていたから、おそらく2500種類は越えているはずだ。そのすべてが現在も販売されているわけではないが、少なく見積もっても1000種類以上は現行商品として日本のどこかで購入が可能なはずだ。

外国人に日本のカレー文化の特異性を最もわかりやすく伝える方法は、レトルトカレーのバラエティを見せることなんじゃないかと思う。日本全国のありとあらゆる食材がカレーになっている現状を一発でプレゼンテーションできる。世界中の人が啞然とする顔が目に浮かぶようだ。

1968年に大塚食品によって生み出されたレトルト食品の開発技術は、全国の中小企業や工場にまで浸透した。今は小ロットからレトルトカレーの開発が可能な場所が全国各地に存在する。ロットが少なければ必然的に販売価格は上がる。1人前で800円、900円するレトルトカレーも存在するが、ある程度の販売見込みが立てば気軽にレトルトカレーの商品開発に着手できる環境は、そのバラエティを加速度的に増やしている。

僕がパッケージコレクションをしている理由は、個性豊かで見ていて飽きないからである。誰が何の素材を使って、どんな味わいのカレーを作っているのか。そこに見えるアイデアがどれほどユニークなのか。そして、その商品の狙いはどこにあるのか。そんなことを想像しながらパッケージをなめまわすようにチェックする。中身を取り出した後に紙箱を解体し、かさばらないように整理することにしている。

広告スペースとしてのカレー

だいぶ前から僕は、あるジャンルのレトルトカレーが食べ物としての性格を薄めつつあることに大きな興味を持っている。食品メーカーが大量生産し、全国のスーパーに陳列して大量販売するレトルトカレーではなく、ご当地カレーと呼ばれる特定の地域で数量限定で生産されているレトルトカレーには、おいしく食べてもらいたいという〝ネガイ〟とは別の〝ネライ〟がある。特産品や観光のＰＲである。

パッケージの表面を広告スペースだと思って見れば、なるほどと納得できる商品がいくつもある。ブランド牛を使ったカレーのパッケージには美しい霜降りが入った肉の断面写真、地ビールカレーには、グラスに注がれたおいしそうなビール、名産のフルーツを使ったカレーにはかわいらしいフルーツのイラストが全面的に入っていたりする。どこにもお皿に盛られたカレーの写真はない。

おいしそうなカレーよりも見せたいものがあるからだ。このレトルトカレーの広告媒体化現象はとても興味深い。なぜこんなことが起こっているのか。それは、カレーが日本人に愛されているからに決まっている。日本全国のレトルトカレー開発会議ではきっとこんな会話がされているだろう。

「カレーを嫌いな日本人っていないよね」

「そりゃそうでしょう、国民食だから」

「しかも、どんな食材を使ってもカレーならおいしくできあがるはず」

「いやいや、まずく作るほうが難しいよ」

「じゃあ、レトルトカレーを作ってみようか」

カレーという料理の持つ人気と懐の深さを日本中が頼りにしているのだ。

第4章

日本での進化　多様性

日本独自の７つのカレーテクニック

日本独自のカレーの作り方

１５０年の歴史の中で、日本のカレーがどれだけ独自の手法で進化を遂げてきたのか、具体的に実感している人は少ないだろう。そもそもそんなことに興味や疑問を持ったことのある人がいるかわからない。目の前においしいカレーがあって、お金を払えばそれを食べられるということが重要なのだ。あるカレーを食べたときにそれがそのおいしい味わいにたどり着くまでの軌跡を振り返る人がいたらそっちのほうが変だ。

しかも我々は、長年、少しずつ進化し続けているカレーを継続的に味わっている。成長を間近で見ている分、変化に気づきにくいということもあるだろう。20年ぶりに同窓会で再会すれば、「お互い老けたよなぁ」なんて感慨も生まれるだろうが、毎年のように会う友人なら「いつまでも変わらないね」と思うのと同じだ。

日本のカレーは少しずつ進化してきた。それが１５０年続いたわけだから、昔と今を比べれば相当な変化を遂げたことになる。まるで別の食べ物になったようなものだ。じゃあ、具体的にどこがどう変わったのだろうか。

日本でカレーをおいしくするために重要とされているプロセスは、色々とある。

1. 玉ねぎをアメ色になるまで炒める
2. ブイヨンをひく
3. 長時間をかけて煮込む
4. スパイス30種〜40種をブレンドする
5. カレー粉と小麦粉をオーブンで焼く
6. 隠し味を駆使する
7. ひと晩、寝かせる

大事なことは、これら7つのプロセスは、すべてが日本で独自に生み出された手法であり、日本のカレーでしか重視されていないということだ。意外に思えるかもしれないが、インドやその周辺諸国をはじめ、世界中に存在するカレーにおいて、僕の知る限り、この7つのポイントのどのひとつをとってもことさらに重視する傾向は存在しない。日本人だけがカレーをおいしくするためによかれと信じて実践し続けているのだ。このことは突き詰めれば突き詰めるほどカレーという料理の奥深さが見えてくる。

玉ねぎはなぜアメ色になるまで炒めるのか

まず、玉ねぎをアメ色になるまで炒める行為について。日本のカレー作りにおいてこのプロセスは神格化されている。ここを避けて通れない。大量の玉ねぎをみじん切りにしたりスライスしたりして、中に含まれる水分を80％も90％も脱水していく。それも弱火でじっくりと時間をかけて。10個の玉ねぎを切って気の遠くなるような炒め作業を続けた結果、できあがる炒め玉ねぎの容積は玉ねぎ1個分にまで減るわけだから、その状況だけを客観的に見たら虚しくなるだろう。

ただ、その結果、ジャムのような甘味が生まれ、これがカレーをおいしくしてくれる。これはほとんど知られていないことだが、玉ねぎは生の状態でも炒めても糖度は変わらない。ただ、辛みや独特の風味など、甘味の実感を邪魔する要素が加熱によって減るために甘く感じられるのだ。要するに、玉ねぎを加熱しても甘味が強くなるわけではないが、甘味を感じやすくなるというわけだ。

それならば、そんなに頑張って玉ねぎを炒めなくても砂糖やはちみつを加えればいいじゃないか、と思う人がいるかもしれない。玉ねぎを炒めるときに砂糖を加えて一緒に炒めるとアメ色になりやすい、と主張する人もいる。それらはどちらも違う。砂糖を加熱したときに起こるのは、キャラメル化である。玉ねぎを炒めたときにも確かに同じキャラメル化は起こっている。

ただ、それとは別に、メイラード反応というものも起こっているのだ。メイラード反応は、玉ねぎに含まれる糖質とアミノ酸の両方が化学反応を起こしておいしさを作る。肉を焼いたときに表面がこんがりして、生肉にはなかったおいしさが生まれるのと同じ原理である。この反応が重要になる。

ちなみにインドでは、玉ねぎをアメ色になるまで炒めない。表面をこんがりさせてメイラード反応は起こしているが、玉ねぎの中に潜んだ水分までを飛ばしていくような作業はしない。結果、脱水は50％にも満たない例がほとんどだ。フライドオニオンを使うレシピはよくあるが、それがもたらす効果は日本人の炒め玉ねぎ作業とは似て非なるものである。

フランス料理からブイヨンを輸入

代々木上原に「ラファソン古賀」というフランス料理店がある。ここのランチに提供されるカレーはスッキリと洗練されたソースが滋味深く、おいしい。古賀シェフは、7時間から8時間ほどかけてブイヨンをひく。立派な牛肉と香味野菜を煮込むが、だしがらはすべて捨ててしまうという。具の全くないサラッとしたカレーができあがるが、ソースのうま味はかなりのものだ。

フランス料理のテクニックを習得したシェフがカレーを作る場合、基本的にはブイヨンをひくことが多い。かつて、ホテルオークラのビーフカレーを取材したときも同じだった。長時間煮込んでひいたブイヨンをカレーのベースと合わせてカレーソースに仕上げる。ソースにうま味を生み出すために活躍した素材たちはすべて捨て（!）、ビーフカレーの注文が入ると、ステーキ用の牛肉を新たにソテーして（!）、カレーソースと合わせて提供するスタイルを取っていた。

一方、インド料理では、スープを取るという行為は基本的に行わない。高級レストランで一部、別鍋でスープを取ることがあるが、メジャーな手法ではない。鶏肉を煮込めば鶏からだしが出るし、マトンを煮込めばマトンからだしが出る。具として味わう食材から出る味をそのままカレーに仕上げるのがインドスタイルだ。

煮込み&オーブンのテクニック

長時間煮込むというスタイルもこのブイヨンから派生したものと推測される。5時間煮込んだカレー、10時間煮込んだカレーなんて謳い文句がカレー店の店頭を賑やかすのは、日本でしか見たことがない。

これはカレーの世界ではほとんど議論されていないことだが、煮込めば煮込むほど、具材の味が抽出されるから、ソースがおいしくなる。ところが一方で、具そのものは味気なくなってしまうのだ。ホテルオークラのシェフが長時間煮込んだ素材を捨てる理由はそこにある。要するに一長一短だが、カレーの世界では煮込みの付加価値は高く評価されている。

カレー粉と小麦粉をオーブンで焼くというのは、洋食系のカレーの常套手段である。僕が最も驚いたのは、本所吾妻橋にある「レストラン吾妻」で、低温のオーブンで4時間焼き続けるそうだ。そうでなくても、たとえば箱根「富士屋ホテル」や横浜「ホテルニューグランド」などの老舗ホテルはたいてい、カレー粉と小麦粉が入ったタイミングでオーブンで均一に加熱する。そうすることで、カレーソースに切れが出るという。

スパイスを30種類もブレンドするのは日本だけ

毎年、インド料理を研究するためにインドを訪れている僕が、現地で購入したもので愛用しているものがある。スパイスボックスと呼んでいるものだ。直径20センチちょっとのステンレス製の安っぽいケースで、蓋を開けるとうち蓋がついていて、その中に7つの小皿が入っている。この小皿によく使うスパイスを入れて保存しておくというわけだ。ライブクッキングや料理教室などの現場に持ち込むと周囲の評判がよく、必ず、「欲しい」「どこで買えますか?」などの話になる。

肝心なのは、このスパイスボックスがたいてい、インドの家庭のキッチンにあるということだ。すなわち、インド人の主婦たちは、7種類程度のスパイスで365日、各3食の食事を作っているということである。レストランのシェフでもひとつのカレーに使用するスパイスの種類は、多くて10種類程度。素材に適したスパイスを必要最低限だけ選択して上手に効かせるのがインド料理のスタイル。一方で、日本のカレーは、使用するスパイスの種類の豊富さがウリとなる。

２０１６年のミシュランガイドに掲載され、話題になった荻窪のカレー専門店「トマト」では、30種類以上のスパイスを配合し、同じくミシュランガイドに掲載された神保町の老舗カレー専門店「共栄堂」でも20種類以上のスパイスを配合していることを謳っている。スパイスの種類が多いとカレーがうまくなるかどうかは好みによって変わるところだが、複雑で奥深い風味を醸し出すことは約束される。

複雑＝おいしい？ 隠し味の謎

隠し味は、カレーを作る日本人にとって永遠のテーマである。カレールウ業界最大のヒット商品であるハウス食品の「バーモントカレー」は、「リンゴとハチミツ」を謳い、料理本やレシピを紹介する雑誌では昔からカレーを煮込むときにマンゴーチャツネを加えるとうまいとされてきた。インド料理において隠し味という概念は存在しない。マンゴーチャツネはカレーの付け合わせとして食卓に上ることはあるが、カレーと一緒に煮込むインド人はいない。

隠し味を多用する手法が一般化しているのは、欧風カレーの世界である。その名の生みの親である「ボンディ」のカレーの特徴は、フランス料理に使われるデミグラスソースの存在と、フルーツをはじめとする隠し味の多用。それ以降、世の中に生まれた欧風カレー専門店では、ありとあらゆる隠し味が使用され、複雑濃厚な味わいがおいしいカレーの代名詞のようになった。

そして、もれなくこの〝隠し味〟はその名の通り、門外不出のアイテムとしてどの店でも秘密にされている。これまでに僕が内緒でカレー店の店主から教えてもらった隠し味には、醤油やソース、ジャム、チョコレートなどの想像に難くないものだけでなく、ゆず胡椒やらうなぎのたれやら、ありとあらゆるものが隠し味に使われていて、聞くたびに納得したり耳を疑ったりしている。

ひと晩寝かせたカレーはなぜおいしい？

ひと晩寝かせたカレーはおいしい。誰もが一度は聞いたことのあるセリフである。香りは時間が経てば経つほど弱まっていく。その代わり、いくつもの香りは互いに調和する。これが日本人には、ほどよく親しみやすい風味を生む。また、おでんや肉じゃがと同じように、冷めていく過程でソースの味わいが具に戻ることで、全体的に濃厚な味わいになり、うま味が強まったような印象を受ける。すなわち、寝かせればカレーはおいしくなるわけだが、これは家庭のカレーだけの話ではない。レストランでも〝寝かせる〟という手法は常套手段だ。

ざっと7つの手法を紹介したが、これだけのことが今の日本のおいしいカレーを生み出している。しかも、この7つは主な手法であって、個々のカレーができあがるまでに費やされる労力はここでは全く説明しきれない。そして、今、この瞬間も全国各地のカレーシェフたちは、もっとおいしいカレーを作るために頭をフル回転させていることだろう。

日本のカレー＝欧風カレー

欧風カレーとは何か

カレー食べに行かない？　誰かにそう誘われたら、いったいどんなカレーを想像するだろうか。よっぽどのことがない限り、お互いのイメージしているカレーがピタリと一致することはないだろう。そのくらい、日本でカレーという言葉が示す食べ物は多岐にわたる。カレーとは何か？　ものすごく難しい問題だ。

インドのカレーはインドカレー、タイのカレーはタイカレー。それなら日本のカレーは、ジャパニーズカレーということになる。でもそんな言葉は耳慣れないだろう。和風カレーと書けばそれは、蕎麦屋のカレー丼のような和風だしの効いた限定的なカレーを連想してしまう。もっと幅広く、日本で愛されているあの誰もが知っているカレーライスのカレーのことをなんと表現するのが妥当なのだろうか。最も一般的に使用されているのは〝欧風カレー〟という言葉なのかもしれない。

「じゃあ、インドカレーと欧風カレーの違いはなんですか？」

こう聞かれたら、誰か正確に答えられる人はいるだろうか。僕はよくこの質問をされるが、そのたびに返答に困っている。答えがわからないからではない。どのレベルでどの角度から答えたらいいのかが難しいからだ。インドカレーはインドのカレー、欧風カレーはヨーロッパのカレーです。こんな答えは誰も期待していない。前者はまだいいとして、後者は間違っている。欧風カレーはヨーロッパには存在しない。

インド風カレーがインドに存在しないのと同じだと思えばいいが、ヨーロッパにはヨーロッパカレーすら存在しないのだからややこしい。欧風カレーは、日本人が独自の解釈によりヨーロッパ的エッセンスを注入したカレーのことである。この言葉を初めて使ったのは、神保町「ボンディ」の創業者、故・村田紘一氏である。

神保町にある欧風カレーボンディ本店。
古本屋が連なる「神田古書センター」2階に店舗を構える。

ボンディの欧風カレー。
別皿で出てくるじゃがいもをいつ食べるか、意見がわかれる。

美術を勉強するためにフランスに渡った村田氏は、現地のレストランで働き、料理を覚えた。そこで出合ったデミグラスソースをカレー作りに取り入れたのである。カレー専門店を立ち上げるとき、このユニークなカレーをなんと呼ぼうかと頭をひねり、欧風カレーと名付けた。誰も聞いたことのない言葉だったため、開店当初は店内に「欧風カレー」とデカデカと横断幕を掲げて営業したという。

その後、「ボンディ」は順調に人気を集め、今や東京で3本の指に入るほどの行列の絶えない名店に成長した。それればかりか、「ボンディ」出身者があちこちで同じスタイルのカレー専門店を出し、軒並み人気を集めているから、日本の外食カレーのスタンダードを作り上げるに至っている。

この活躍に呼応するように欧風カレーという言葉は一般名詞化し、似たようなカレーを出す店がこの言葉で括られるようになった。とはいえ、すべての店がデミグラスソースを使っているわけではない。それよりも特徴的なのは、小麦粉を使ってとろみをつけている点である。ただし、小麦粉の入ったカレーならほかにもある。「ボンディ」が世に出るもっとずっと前から、そもそもイギリスから伝わったブリティッシュカレーにも小麦粉は使われていた。それなのに、現在、小麦粉でとろみのついたメジャーなカレーがざっくりと欧風カレーと呼ばれるようになったのは、それほど味わいが認められている証拠である。

日本のカレーの4タイプ

さきほどの質問に戻る。「インドカレーと欧風カレーの違いはなんですか?」と尋ねられたら、僕が最もシンプルな回答として準備しているのは、「小麦粉を使うか使わないかです」というものだ。ごく一部のムスリム系カレーを除けばインドカレーに小麦粉は使わない。

とはいえ、小麦粉を使ったカレーという大雑把な解釈では誰も納得してくれないだろう。日本で小麦粉を使ったカレーには、大きく4つのタイプがある。

A. ホテルのカレー
B. 洋食屋のカレー
C. 欧風カレー専門店のカレー
D. 家庭や給食のカレー

さあ、これらの違いがわかるだろうか。提供スタイルやイメージ、値段などの違いもあるが、最も違うのは、調理テクニックである。どうやって作られているのかが違うから、当然、味わいも違うことになる。順を追って説明してみたい。

ホテルのカレーには、西洋料理（＝フランス料理）の手法が取り入れられている。玉ねぎ、にんにく、しょうがなどをアメ色になるまで炒め、カレー粉と小麦粉を加えてオーブンで焼く。パラパラッとしてきたところで、長時間かけて丁寧に取ったブイヨンなどのスープで伸ばし、肉を加えて調理する。具はたいていビーフのみ、というのが定番である。手間も時間もかかるし、フレンチのコックが作るカレーだから味わいもリッチなことこの上ない。銀色に輝くグレービーボート（ソースポット）でライスと別に提供される。

洋食屋のカレーは簡素な構造

洋食屋のカレーは、元来、もっと簡素な作り方で作られる。鍋にバターを溶かし、小麦粉とカレー粉を加えて炒め、カレールウを作る。ベースとして玉ねぎを炒めることはしない。そこへスープを加えて伸ばし、玉ねぎ、にんじん、じゃがいも、肉などを加えて煮込んでいく。ソースやケチャップを隠し味に使うこともある。小麦粉のとろみが効いたカレーをライスと共に1皿で盛りつける。

簡単に作ろうと思えばいくらでも簡単になる。だから、このスタイルは、カレールウが生まれる前の全国の家庭でも採用されていた。ただし、そこにはプロとアマチュアの違いがある。カレー粉と小麦粉だけでおいしさを生むのは至難の業。うまいスープを作る技術も時間もない家庭では、黄色く味気ないカレーができあがり、物足りないからソースや醤油をドボドボかけて食べるスタイルが生まれたりもした。洋食屋のカレーが簡素だとはいえ、そこにはプロのコックの技が光っている。

ホテルのカレーと洋食屋のカレーは、ベースの玉ねぎを炒めるか炒めないかに大きな差があるが、かつては、築地精養軒などの老舗の西洋料理店で修業をして洋食屋をはじめたり、ホテルのコックになったりするケースもあるし、ホテルニューグランドなどの老舗ホテルで修業をして町場の洋食屋さんのコックになった人もいたから、両者の手法はシャッフルされていて今となっては厳密に差別化することは難しい。

さらには、明治期に日本にイギリスからやってきたブリティッシュカレーのレシピには、玉ねぎを炒めてベースにするタイプと小麦粉とカレー粉を炒めてルウを作るタイプの両方が存在したから、ルーツについても限定はできない。当時の参考書として名高い『西洋料理通』と『西洋料理指南』に掲載されたカレーのレシピでは共に長ねぎをはじめに炒めるプロセスがある。ところが少し後になって登場する『海軍割烹術参考書』のカレーは、牛脂で小麦粉とカレー粉を炒めるスタイルだ。

前者が洋食のメニューとしてイギリスから伝わったブリティッシュカレー、後者がイギリス海軍が日本の旧帝国海軍に伝えたとされる海軍カレー。ということは、ホテルはブリティッシュカレーをベースに、洋食屋はイギリス海軍カレーをベースにしたということなのだろうか。ちなみに『西洋料理通』には2種のカレーが紹介されていて、そのうち片方はねぎを炒めていない。まあ、そんな単純に解釈できることではないだろう。

イギリスから日本にカレーが伝わったルートとしては、「文明開化の波に乗って洋食メニューのひとつとして」というものと、「イギリス海軍が伝えた海軍カレーとして」というものとふたつの説がある。どちらのルートも確かに存在した。誰にどう伝えたかを限定するのは難しい。いずれにせよ、大事なのは、ホテルのカレーも洋食屋のカレーも欧風カレーが世に出るはるか昔に誕生しているということだ。

欧風カレーの特徴は隠し味

欧風カレー専門店のカレーというジャンルは比較的新しい。調理上の特徴は、隠し味を多用する点にある。ホテルや洋食屋のカレーは、チャツネやソースを少し入れることはあってもそれほど隠し味に頼った作り方はしない。ところが、後発で生まれた欧風カレーは、「ボンディ」がデミグラスソースをベースにしたことからはじまって、すでにカレーの世界でさまざまなトライアルがされてきた時代に生まれているから、隠し味として加えるアイテムや調理方法が複雑化している。

ホテルのカレーや洋食屋のカレーが手法はシンプルだが手間をかけたり熟練の技を駆使したりすることでおいしさを実現させたのに対し、隠し味としてあれやこれやを加えることで奥深い味わいを作ろうとしているのが欧風カレー専門店の特徴なのである。

家庭のカレーはうま味が決め手

４つ目の家庭や給食のカレーは、カレールウを使って作られる。家庭のカレーは一般販売用、給食のカレーは業務用のルウだ。手軽においしいカレーを作ることができるカレールウにはうま味の素がどっさりと入り、小麦粉も加わって固形化されている。

小麦粉を使った4種類のカレーを細かく説明してきたが、できあがるカレーの味わいは、同じ方向のものであることは想像がつくのではないだろうか。コクやうま味がしっかりとあって、適度にとろみがついていてのど越しが重たい。ご飯にかけるとしみていくのではなく、存在感のある茶色いソースはしっかりとご飯の上に乗っかって、そのままスプーンですくって口に運べば、「ああ、日本のカレーだなぁ」という味わいが待っている。

これが最もオーソドックスなジャパニーズカレーの姿である。

日本カレー界の名作 カツカレー

日本のカレーの進化には、大きく2通りある。それは、調理テクニックの深掘りとバラエティの広がりだ。このバラエティのほうは、ご存じの通りだが、改めて代表的なものを見てみると興味深い。日本カレー界の名作は、たいてい、家庭ではなく、外食の世界で生まれている。

代表作は、「カツカレー」である。1918年に浅草の洋食屋「河金」で生まれた。カツレツとカレーを注文したなじみ客に対し、店主がどんぶりのご飯にカツレツを乗せ、その上にカレーをかけて出したことがキッカケだった。スタイルでいえば、カレーライスというプラットフォームにトンカツというトッピングを乗せたものになる。であれば、その他のトッピングもカレーメニューの新顔として同様に愛されていいはずだ。

ところが、チーズカレーもゆで卵カレーもからあげカレーもハンバーグカレーも、存在はするが、カツカレーほどの人気はない。揚げ物仲間でいえば、天ぷらカレーなるものも存在はするがメジャーではない。トッピング系のカレーの中でカツカレーだけが別のステージに立っているのは、トンカツというメニュー自体のポテンシャルによるものだろう。

明治初期からトンカツは、洋食メニューの人気者だった。以来、人気は衰えない。ハンバーグ専門店やからあげ専門店はそれほど多くないが、トンカツ屋は全国に数えきれないほど存在する。世界各国で出版されている某雑誌のスペイン版が日本を紹介するときに、「京都は寺の街、東京はカツ丼の街」というコピーをつけたことがあるそうだ。取材を受けたカツ丼専門店に教えてもらったことがある。海外の人の目にも日本のトンカツは特別な料理に見えるのだろう。トンカツとカレーがひとつになったカツカレーが、実際に今、アメリカやイギリス、中国などで愛されているのも納得がいく。

カツカレーは、来年、２０１８年に生誕１００年を迎える。「何か大きなイベントでもやらなければ！」と僕はひとりで勝手に焦っている。

カレーパンという発明

カレーパンは1927年、東京・深川の菓子店「名花堂」の2代目・中田豊治が発明したといわれている。あんパンのあんの代わりにカレーを入れるというアイデアに加え、油で揚げるというユニークなものだった。このカレーパンが当時、実用新案7824号として登録された。カレーをフィリングにする、ということ以上にパン生地を油で揚げるという点が斬新だったようだ。

今でも揚げたカレーパンは、人気である。最近は、ヘルシー志向の消費者が増えた影響から、焼きカレーパンを出す店が増え続けているが、やはり揚げたものに比べるとおいしさは遠く及ばない。カツカレーもそうだが、おそらく、パン粉をつけて油で揚げられたものとカレーソースとのマッチングが素晴らしいのではないか。サクッとした歯ごたえ、ジュワーッと油がにじみ出る食感、カレーソースの風味が混然一体となった状態は、想像するだけで唾が出る。

千葉県松戸市にある「ツオップ」というパン屋には、カツカレーパンという商品がある。その名の通りカツカレーをフィリングにしたパン生地を揚げる。これが常に熱々の状態で店に並び、出た先から飛ぶように売れていく。夢のような食べ物である。

蕎麦屋で人気のカレー南蛮

ジャパニーズカレーを和風カレーと訳すなら、その象徴的な存在は、カレー南蛮なのかもしれない。だしとかえしの風味が効いたカレーを食べたことのない日本人は少ないだろう。蕎麦屋で人気のカレー南蛮は、大阪生まれである。目黒朝松庵が大阪に出した支店で開発された。1959年の『全国麺業新聞』に寄せた「カレー南蛮」の由来記がある。

元来純日本食を好むわたしでしたが、兎も角材料として使えそうな洋食は手当たり次第に「そば」と結び付け、試食を致しましたが、何れも適さないものばかりでした。その中でカレーだけは馴染みが良く、その味もなかなか捨て難いことが解りました。

（『全国麺業新聞』1959年3月20日）

これが大ヒットする。洋食の食材をあれこれ蕎麦と合わせた結果、白羽の矢が立ったのがカレーだったのだ。和洋折衷の賜物である。カレー南蛮は、蕎麦を指すことが多いが、うどんの場合もある。さらには、カレー丼のような形でご飯にかけるスタイルもある。丁寧に作られただしとかえしが存在する蕎麦屋でカレー南蛮を作るのはお手の物だ。ざっくりいえば、そこにカレー粉を加えて片栗粉でとろみをつければいいだけなのだから。

あんなシンプルな食べ物がしみじみうまいというのは、素晴らしい。僕は年末になると神田の老舗「まつや」へ行き、昼から日本酒をチビチビとやりながら、カレー南蛮でしめるという行為をささやかな喜びとしている。日本人でよかったなぁ、と思える瞬間があの空間で待ち構えている。

カレー味という謎

なんでもカレー味になる

カレーライスのバリエーションは、数えきれないほど生まれてきた。カレーラーメン、カレースパゲティ、カレーチャーハン、カレーせんべい……。ありとあらゆる食べ物がカレー色に染まっている。

ご飯にカレーソースがかかっている状態のカレーライスが、あらゆるトッピングを受けて立つプラットフォーム・フードであることは前述したが、それどころか、逆に日本のありとあらゆる料理をプラットフォームにして、そこへカレーが乗っかっているような状態ではないか。すなわち主従が逆転しても成立するのがカレーの不思議なところである。

たとえば、ハンバーグカレーといったらカレーのトッピングにハンバーグが乗っている料理を想像する。一方、カレーハンバーグといったらどうだろう？　頭の中にイメージする料理の見た目はあくまでもハンバーグのはずだ。フォークとナイフで切り分け、ひと口分を食べるとそこはかとなくカレーの香りがする。そう、これがカレーハンバーグである。

ハンバーグカレーはカレーであり、カレーハンバーグはハンバーグである。同じことがさまざまな料理にいえる。からあげカレーはカレーであり、カレーからあげはからあげである。スープカレーはスープ状のカレーで、カレースープはカレー風味のスープだ。それぞれ料理としての仕上がりは違うが食べればカレーの味がする。

実はこの〝カレー味〟という概念が、日本のカレーの可能性をどこまでも広げ続けている。１００年前からずっと。カツカレーもカレー南蛮もカレーパンも、すべてカレー味が誕生させたニューヒーローだったのだ。僕たちが気軽に使っているカレー味とはいったい何なんだろうか？

カレーハンバーグは何の味？

カレー味という概念は、おそらく日本人に特有のものだ。海外に行って通用するものではない。当たり前のように聞こえるかもしれないが、カレーの味がすることを我々日本人は、カレー味と呼ぶ。何かを食べたときにカレーの味を感じると「あ、カレー味だ」と言う。ただ、ちょっと立ち止まって考えてみてほしい。たとえばカレーハンバーグは、本当にカレー味がするのだろうか？

カレーハンバーグは、カレーの味がするのではなく、ハンバーグの味がするはずだ。もう少し詳しくいえば、カレーの香りとハンバーグの味の両方を同時に感じる。ここが大切なポイントとなる。カレーハンバーグはどうやって作られるのだろう。簡単だ。ハンバーグを作るときにひき肉や炒め玉ねぎなどと一緒にカレー粉を混ぜ合わせればできる。シンプルに作るなら味つけは塩だ。すなわち、カレーハンバーグの味わいは、ひき肉と炒め玉ねぎと塩によって生まれ、そこにカレー粉の香りが加わったものを指す。

カレー味がしないのは、カレー粉に「味をつける」という作用がないからだ。カレー粉は、ほとんどの場合、複数種類のスパイスを混合して作られる。スパイス以外の原材料が入ることは稀だ。スパイスの役割は、大きく3つあるといわれている。香りづけ、色みづけ、辛みづけである。ここに脱臭作用を加える説もあるし、抗菌作用、薬効、減塩効果などをサブで語る場合もある。が、「味つけ」という作用はない。

スパイスに味つけ作用はない

多くの人が誤解しているのがこの点である。スパイスに味つけ作用はない。スパイスで味はつかない。だから、カレー粉で味はつかないのだ。ちなみに辛みは「甘味・酸味・苦味・塩味・うま味」などの味覚ではなく、痛覚である。

「嘘だ！」と思う人がきっといるだろう。もし、そう思ったら、自宅にある、もしくはコンビニやスーパーで売られているカレー粉を入手して、味見をしてもらいたい。小さじに半分くらいのカレー粉を口へ運ぶ。やってみよう。どんな味がする？「味がしない……」という感想を持つ人がほとんどだろう。もしかしたら、「雑味がする」とか「苦味がある」とか思う人はいるかもしれない。いずれにせよ、うまいものではないはずだ。

スパイスが無味であるとはいわない。スパイスに呈味《ていみ》性はあることはある。たとえばフレッシュなジンジャーやガーリックなどであれば、水分を多く含んでいて野菜に近い状態だからしっかりと味を感じることがあるかもしれない。でも、これらをカレー粉の原材料にするときには、乾燥させて粉に挽く。そうすることで呈味性はぐっと落ち、その代わり香りが強まる。他のスパイスについても同じことがいえる。特に乾燥した粉状のスパイスは、味気ないものだ。何かしらのものを口に含むのだから味が全くないわけではないのだが、極めて味に乏しいことはカレー粉の試食で体験できるはずだ。

スパイスは香りをつけるもの

スパイスのメインの目的は、香りづけだ。なぜ香りをつけると料理がおいしくなるのか。それは、スパイスの香りが食材の味わいを引き立てるからである。

ハンバーグを作るときにナツメグを加えることがある。こうすることで肉の臭みが消え、うま味が引き立つ。ほんのりとナツメグが香るからハンバーグがハンバーグらしい味を強調させることができる。これがスパイスの役割である。僕たちはナツメグを味わっているのではなく、ハンバーグという形状でひき肉を味わっているのだ。カレーハンバーグにカレー粉を使うのは、ナツメグを使うのと同じである。カレー粉の香りでハンバーグをおいしく食べる。

いや、でも……、とまだ反論したい人もいるかもしれない。「だって、カレー粉を何かに振りかけたら、やっぱりカレー味がするじゃないか！」と。もうひとつ、試してみてほしいことがある。ポテトチップスの塩味を買ってきて袋を開け、カレー粉を投入して袋を閉じ、シャカシャカとよく振ってから再び袋を開けてチップスを食べてほしい。どうだろうか。「あ、カレー味のポテトチップスになった！」なんて感想はトライしなくても容易に想像できるだろう。事実、ポテトチップスには「カレー味」が存在するくらいだから。

ほら、カレー味じゃないか（笑）。いや、実は違うのである。カレー粉で味がつかないことはスパイスの作用から証明済みのことだ。だからカレー粉をまぶしたポテトチップスは、あくまでもポテトチップスの味である。それなのにカレー粉を使った料理を食べて我々が「カレー味がする」と感じるのは、カレーの香りがカレーライスの味を想起させるからである。乳児を除けばカレーライスを食べたことのない日本人はいない。だから、程度の差はあれどカレーライスの味は記憶に刻まれている。

カレーライスではないある料理の中にカレー粉のフレーバーを察知したとき、我々は今食べているその料理に記憶の中のカレーライスの味わいを付加して感じるのだ。だから、食べているのはハンバーグなのに「このハンバーグはカレー味がする」とおかしな印象を持つのである。正しく表現するなら「カレーの香りでこのハンバーグはよりハンバーグらしい味わいが引き立っている」とでも言うべきか。ただ、そんな面倒な表現をしたら友達を失いそうだから、言葉としては「カレー味」でいい。実態としては、味ではなく香りであるということは意識してほしい。

カレー味は最後の砦

さて、ここからカレー粉の本領に迫ることになる。カレー粉で味がつかないということがどれだけ日本のカレー文化を支えているかを考えてみたい。

たとえば、ラーメン屋さんに入ったとする。メニューには、塩ラーメン、醬油ラーメン、味噌ラーメンと3種類のラーメンが揃っている（最近のラーメン屋はもっとこだわりがあってメインのスープは1本で勝負、というところが多いとは思うが）。その日の気分でどの味のラーメンにするかを選ぶだろう。塩か醬油か味噌か。これはスタンダードなラーメンの姿である。

でも、全国どんなラーメン屋に入っても次のようなメニューはきっとないはずだ。「塩醬油ラーメン」、「醬油味噌ラーメン」、「味噌塩ラーメン」。こんな表記を見つけたら、「店主の感覚は大丈夫なのか？」とか、「印刷ミスなんじゃないか？」とか思うに違いない。これらのメニューが成立しないのは、「醬油と味噌」という味のするものどうしがバッティングするからである。どれかひとつを決めれば他を選ぶ必要がない。

ここにカレー粉が登場するとどうだろうか。塩カレーラーメン、味噌カレーラーメン、醬油カレーラーメンは見事に成立するのである。理由はもうわかっていただけただろう。カレー粉に味つけの作用がないから、塩とも醬油とも味噌とも仲良くできる。世の中にあるいかなる味わいのラーメンでもカレー粉を加えてカレー粉の香りをさせれば、カレーラーメンができあがる。

ラーメンでこのことがイメージできれば、後はそれをありとあらゆるジャンルの料理に応用させればいい。今日の朝ごはんやランチ。これから食べることになる夕食。すべての料理はカレー粉を加えて〝カレー味〟に変換することが可能なのだ。ちょっとうまくいかないのは、お刺身とスイーツくらいだろうか。これがカレー粉の威力である。

その昔、とあるお菓子メーカーの商品開発担当者から面白い話を聞いたことがある。その会社では、定番のお菓子ブランドをフレーバー展開させて期間限定商品や新商品を開発するときに、「カレー味は最後の砦」という暗黙の共通理解があるそうだ。たとえばスタンダードで塩味があった場合、バーベキュー味、醬油味、ピザ味などの展開を考えるのは

ＯＫ。でも「カレー味を検討するのは最後の最後だ」と。

理由はふたつある。ひとつ目は、「カレー味なんていうアレンジなら誰でもできるから、もっと知恵を絞りなさい」という理由。もうひとつは、「カレー味を出して売れなかったらそのブランドは終わるかもしれない」という理由。

カレーの香りがどれだけ万能なのかを理解できるだろう。もしかしたら、将来、日本中の料理がカレーフレーバーに染まる日がやってくるかもしれない。僕はそんな時代を決して望んではいないけれど。

国民食としてのカレー

二大国民食・カレーとラーメン

たまに見かけるが、カレーラーメンという料理を食べたことはあるだろうか？　カレーとラーメンという日本を代表する二大国民食を合体させたのだから最強のメニューである。ところが、これがそれほど受け入れられているわけではない。いや、むしろ、ラーメン屋でカレーラーメンはメニューの端っこのほうに追いやられた存在だ。なぜだろう。何人かのラーメン評論家と、このことについて議論したことがある。

結論としては、ラーメンファンからもカレーファンからも積極的に求められていないからだ、ということになった。ラーメンファンはだしの風味を重んじる。そこにカレーの香りは邪魔だということのだ。そういえばフレーバーを重視する飲食店は、割とこの傾向にある。たとえば自家焙煎でコーヒーの香りを重視した喫茶店でランチにカレーを出すケースは少ない。そば粉の風味に執着のある蕎麦屋にはカレー南蛮がない、というように。

一方、カレーファンは、わざわざラーメンにするのではなく、おいしいカレーソースは普通にライスで食べたいと思う。だから、カレーラーメンというメニューに出合ったら、面白いとは思うが、「食べるのはいつかまた今度でいい」となってしまう。2羽のウサギを追うような真似はしないほうがいいということだ。そう思うとカレーラーメンはかわいそうな存在だ。

抱き合わせることはお勧めできないにしても、カレーとラーメンが二大国民食であることには異論がないはず。国民食であるというのは、知名度があり、愛されているという点においてそう評価されているのだが、実際、カレーとラーメンはその愛され方、親しまれ方がまるで違う。

普段、僕のところには、さまざまなカレーに関する依頼が舞い込んでくる。取材やイベント出演、書籍の執筆、商品のプロデュースなど多岐にわたる。そのときに僕が直感的に「この話は難しそうだな」と思うものがひとつある。それは、ラーメンで成功した前例を持つ企画だ。不思議に思うかもしれないが、第1弾としてラーメンでうまく行ったものの第2弾をカレーでやろうという切り口は、ほとんどの場合、うまくいかない。もしくは、健闘したとしてもラーメンほど大きな成功はおさめない。

だから、僕はそんなとき、いつもラーメンとカレーの違いを丁寧に説明することにしている。それを承知でそれでもやるのか、それとも企画を修正するのか、見送るのか。そこからの判断になる。いったい何がそんなに違うのか。

カレーとラーメンの決定的な違い

カレーとラーメンの違いをひと言でいってしまえば、「カレーは家で食べる料理」、「ラーメンは外で食べる料理」だということだ。それを食べる人がいる場所が違うということは、すなわちマーケットが違う。ラーメン専門店は全国各地にあり、毎年何冊ものガイド本が発売され、テレビのラーメン特集も頻繁に放送されている。食べ歩きが人気を支えているジャンルなのだ。

ところが、カレーはラーメンほど外を食べ歩く文化が育っていない。カレー専門店の数はラーメンと比較すると圧倒的に少ない。たとえば、NTTの「iタウンページ」で検索してみると、日本全国のラーメン店数は、2万9127軒。これに対して、カレー専門店の数は、4901軒である。インド料理店（2646）、スリランカ料理店（44）、ネパール料理（528）、タイ料理店（708）。すべてを足しあげても合計8827軒だ。ラーメン店の1／3にも満たない店舗数なのである。もちろんほかにも検索方法やデータはあるはずだが、外食のカレー店がラーメン店ほどの需要がないことは推測できる。

カレーの世界にいる僕が出版している書籍の内容からもカレーの性格が浮き彫りになる。これまで僕はカレーに関する書籍を40冊ほど出版してきたが、レシピ本の数は、25冊以上。ガイド本の数は5冊ほど。その他の読み物が10冊ほどである。一方、ラーメンのレシピ本というのは、ほとんど見たことがない。出版業界という別の切り口から見ても、カレーの置かれている場所は見えてくる。カレーは、おいしいカレー店を見つけたいという情報よりも、おいしいカレーを作るためのレシピが重宝される世界なのだ。

これは日本人がどうやってそれぞれの料理と親しんできたかに起因する。カレーは、幼いころから割と料理するという行為とセットだった。家庭ではおふくろの味の定番がカレーだし、学校給食はともかく林間学校やキャンプに行けばみんなでカレーを作った。独り暮らしをはじめれば自炊で作りやすいカレーは人気メニューだし、付き合った恋人や結婚した相手と一緒にカレーを作ったり食べたりした思い出のある人も多いだろう。

一方、ラーメンは、幼いころから親しむことはあっても料理をあまり伴わない。自宅で袋ラーメンやカップラーメンを作ることはあっても、それは料理と呼べるものではないし、本格的にスープを取って麺を茹でてラーメンを作る家庭を僕は知らない。日本人がラーメンという料理と本格的に向き合うのは、早くて10代の後半くらいだろうか。自分の小遣いが使えるようになって食べたいラーメンを食べにラーメン屋に行く。

そう、それなりの歳になってから外食ラーメン店でラーメン人生をスタートさせるジャンルと、幼いころから自宅のキッチンでカレー人生をスタートさせるジャンルとは似て非なる性格を持っているのである。

カレーの楽しみは多種多様

もちろん、カレーは自分では作らず食べ歩き専門だ、という人もいるだろう。でも、多くはない。毎年出版するレシピ本の売れ行きがいい一方、何年かに一度しか出版の機会のないガイド本がそれでも苦戦ばかり強いられているという僕自身のカレー本を取り巻く環境だけ見ても、料理ファンと食べ歩きファンの比率は、7：3とか8：2とかそれくらい開きがあるんじゃないかと実感している。

仮にカレーファンの70％が自分で作り、30％が食べ歩くと仮定しよう。「ラーメンを自分で作るのが趣味です、積極的に食べ歩きはしません」という人は聞いたことがないから、ラーメンファンはほぼ１００％食べ歩く。日本全国のラーメンファンとカレーファンの数が全く同じだったとしても、この時点で、ラーメン食べ歩き企画は１００％のファンを獲得するのに対し、カレークッキング企画は70％のファンしか獲得できない。

さらに困るのは、70％のカレークッキングファンの誰もが満足できるカレーが存在しないことだ。欧風カレーを作りたい人、インドカレーを作りたい人、和風カレーを作りたい人、タイカレーを作りたい人……、と作りたいカレーが違う。そして、それらをカレールウで簡単に作りたい人とスパイスを使って本格的に作りたい人も違う。どこに向けて企画を立てても70％全員を満足させることは難しい。

ラーメンの楽しみ方が一極集中型なのに対し、カレーの楽しみは多岐にわたる。どちらにも魅力があるが、ともかく愛され方が違うのである。

インド経験という溝

ラーメンとカレーは食文化としての性格も少し違う。ラーメンのルーツは中国にあるが、ラーメンファンが中国を見ることはあまりないような気がする。全国各地にご当地ラーメンが生まれて久しく、それぞれの土地で地元の人々に愛された我が町のご当地ラーメンが存在する。九州、特に福岡県出身者からとんこつラーメンの魅力を熱く語られたことが何度あったことか。

中には「東京で食べるとんこつラーメンはとんこつラーメンとは言えないねぇ」なんて言う人もいたりして、そんなに言うなら、と福岡に行ったついでにとんこつラーメンを食べてみる。「おお、確かに！」と思うか、「東京で食べても変わらないよ」と思うかは別として、噂に聞いていた味を体験できれば、気持ちも盛り上がる。ところがカレーはそうはいかない。

カレーのルーツはインドにあり、現時点では、カレーはラーメンほどご当地食としては成熟していない。必然的にカレーファンは、インドへ目が向く可能性がある。横須賀出身者からよこすか海軍カレーのおいしさについて熱く語られるなんてことはあまりなさそうだが、インドに行ってインドカレーを食べた人から、その魅力を語られた経験のある人はいるだろう。中には、「日本で食べるインドカレーはインドカレーとは言えないねぇ」なんて言う人もいたりして……。「なにを!?」と思ったところで、「じゃあ、ちょっとインドに行って確かめてくるよ」なんて身軽な人がどれだけいるだろうか。

噂に聞いていた味を実体験できないのでは、話はそれまで、となってしまう。だから、カレーに関しては、ひとたびルーツのインドカレーの話になると、インドへ行ったことのない人は、「どうせ私にはわからない世界だ」と冷めてしまうし、行ったことのある人も同様に「行ったことのない人には言っても伝わらない」と諦めてしまう。インド経験者とインド未経験者との間の溝は深まるばかり。

しかも、そこにはもうひとつ、難点がある。日本にはカレー文化があるが、インドにはカレー文化がないからだ。インドにあるのはカレー文化ではなくインド料理文化である。インドに行ってインドカレーだけを食べてくる人はいない。インドに行ったらインド人が日常的に食べているインド料理やハレの日に食べるインド料理を体験する。その中に我々がイメージするインドカレーが紛れ込んでいる。

日本にいればインドカレーは、幅広いカレーという食べ物のジャンルのひとつだが、インドに行けば、インドカレーは、幅広いインド料理という食文化のアイテムのひとつなのだ。この微妙なニュアンスの差は意外と根深い。インドの食文化に魅了されればされるほど、「自分が好きなのはインド料理であってインドカレーではない」という考えがどうしても支配的になってしまう。だから、コアなインド料理ファンは日本でインド料理店に行くことはあってもカレー専門店に行く機会は減る傾向にある。ちなみにタイカレーとタイ料理についても同じことがいえる。

ラーメンのようにルーツである中国の麺文化はさておき、日本独自に生まれ育ったラーメンという食文化にラーメンファンがどっぷり浸かっていくようなところまで行くためには、日本のカレー文化がもっと成熟する必要があるだろう。

よこすか海軍カレー

そのために僕が最も期待している分野のひとつは、ご当地カレーである。ご当地カレーは、インドカレーやタイカレーに比べれば、「会いに行けるアイドル」である。日本国内で盛り上がっているわけだから。

ご当地カレーは大きく3つにジャンル分けできる。

A．自治体・行政主導型
B．企業・専門店主導型
C．自然発生・主導者不在型

Aの代表はなんといっても「よこすか海軍カレー」である。Bは、あまりに多すぎて例示しきれないほどだが、さきがけ的なものでいえば、広島かきカレー。Cは、後述するが、札幌スープカレーや大阪スパイスカレーである。そして、これらの目的がそれぞれ違うところが面白い。Aは地域活性や観光誘致、地方再生。Bはビジネス。Cは主導者不在により目的なし。圧倒的に数が多いのはBで、そこそこの数で盛り上げようと取り組んでいるのがA。まだ事例がほとんど存在しないのがCだ。

よこすか海軍カレーは横須賀の街を活性化させるために横須賀市役所、商工会議所、海上自衛隊の三者が協力して立ち上げた肝煎りのプロジェクトである。「カレーで町おこし」というフレーズは1999年当時、もちろん誰も唱えていなかったし、日本全国がご当地グルメブームに沸くずっと前のことだから、ご当地グルメの世界でもトップランナーである。

横須賀が目をつけたのは、日本のカレーがイギリス海軍から伝わったという史実である。当時のレシピは、１９０８年の『海軍割烹術参考書』という書物に残っている。いわゆる海軍カレーと呼ばれる最も古いレシピがそこにある。カレー粉と小麦粉を炒めてスープで伸ばし、肉や野菜の具と一緒に煮込むオーソドックスなカレーで、昔ながらの洋食屋が採用していたスタイルである。

日本人が最も好きなカレーの姿、いわゆる王道の味わいなのだが、一方で、特徴が極めて弱い。なぜならこのレシピの延長に今のカレーの姿があるわけだから、海軍カレーを突き詰めて進化させても今のカレーに到達するだけで、オリジナリティあふれる味にはなりにくいのが弱点だ。だからなのか、サイドディッシュにサラダをつけるとか、牛乳を一緒にサーブするなどのルールが決められている。

ただ王道の味というだけあって、よこすか海軍カレーは、広く愛され続けている。横須賀市内には条件を満たしたカレーを提供する店の前にのぼりがはためき、全国から人が集まるようになった。この成功事例は、ご当地グルメで町おこしをしようとする全国の自治体の目標となり、視察が絶えないほどの注目度だという。

お土産としてのご当地カレー

広島かきカレーというレトルトカレーを見たことのある人は結構いるんじゃないかと思う。ご当地カレーのことに触れるとき、避けて通れないのがレトルトカレーという商品である。その土地で取れる特産品を使ってオリジナルのカレーを作り、それをレトルト化して全国各地で販売する。

かつてはレトルトカレーは高温で圧力をかけて殺菌する特殊技術を擁する一部の企業の専売特許のようなものだったが、今は、地方の小規模な工場でも同様の処理ができるようになり、製造のハードルは下がった。そのおかげで、「我が町の特産品」を使ってレトルトカレーを作りたい、と誰かが思い立てば、全国各地でできてしまう環境にある。

今や数えきれないほどのレトルトカレーが販売されていて、それは前述の通りだが、広島かきカレーはそのさきがけとなった商品である。お土産需要にマッチしていることもあって、これからもご当地レトルトカレーは、生まれ続けるだろう。

真のご当地カレー・札幌スープカレー

ご当地カレーの3ジャンルの中でダントツに事例が少ないのが、Cの自然発生型のカレーである。博多とんこつラーメンに代表されるご当地ラーメンのあり方に従えば、真のご当地カレーとは、ある地域で自然発生的に生まれたカレーで、独自のスタイルを持ち、地元民に愛され、同様の店が増え続けてジャンルとして確立したカレーのことだと僕は考える。そして、その味が東京をはじめ、全国各地で食べられるようになるまで浸透すればご当地カレーとしては大成功といっていいだろう。

この僕なりの厳しい視点に立ったときに、現在、日本国内に胸を張ってご当地カレーと呼べるものは、極めて少ない。代表格は札幌スープカレーである。

大きなどんぶりになみなみと注がれたカレー風味の濃厚なスープ。そこに浮かぶ骨付き鶏肉をはじめ、おおぶりに切ったじゃがいも、にんじん。素揚げしたナスやピーマン。豪華でダイナミック、色鮮やかで美しい。ドロドロした茶色が支配していた従来のカレーの世界とは一線を画す料理だ。

スープカレーには、その礎を作ったといわれている店がいくつか存在する。「アジャンタ」、「スリランカ狂我国」、「インドカリー木多郎」などの老舗カレー専門店がそうだが、名前か

一般的なスープカレー。
素揚げした大きめの野菜などの具がゴロっと入っている。

ら想像がつくように、どれもアジア各国の料理をベースとしている。

元祖スープカレーと呼ばれる「アジャンタ」が誕生したのは、1975年。薬膳カリィという言葉でカレー専門店を出した故・辰尻宗男氏は、辰尻家に伝わる養生食のスープにスパイスを使ってアレンジを加え、カレーに仕上げた。その養生食は韓国の参鶏湯に似たものだったのではないか、といわれている。

「インドカリー木多郎」はインドのカレーに、「スリランカ狂我国」はスリランカのカレーに魅せられた店主が、それぞれの国のカレーをベースにオリジナルのカレーを作り、店で提供した。そして、たまたまそれらのカレーが3つとも同じようなスープ状をしていたのである。これは日本カレー界の七不思議といっていい。

スープカレーという言葉を初めて使ったのは、「マジックスパイス」だといわれている。店主の下村泰山さんが開業したカレー専門店で、提供したのは、スープ状のカレー。このカレーのルーツは、インドネシア料理のソトアヤムという鶏肉のスープ料理だった。このように〝たまたま〟アジア諸国の料理をベースにしたカレーが同じようなスープ状だったためにスープカレーという新しく生まれた言葉でひとつに括られ、カレーの1ジャンルとして昇華した。

このスタイルが評判を呼ぶようになると、模倣する店が増えはじめる。やがて、スープカレー店で修業をして自身のスープカレー店を出店するような動きが出はじめると、彼らは第2世代、第3世代と呼ばれるようになり、裾野はどんどん広がっていった。だしのうま味が効いたスープは、油のパンチの効いた味わいとスパイスの刺激的な香りを抱き込んで、シャバシャバとしているのに食べ応えが十分にある。美しくておいしいのだからいうことはない。通常の1人前のカレーでは食べられない量の野菜を取れることにも大きな価値がある。

僕は、昔からスープカレーが大好きなのだが、札幌から東京にこのカレーが上陸しはじめたころは、「これはカレーじゃない！」と憤慨する人の声をよく耳にした。そのたびに僕は、ニューヒーローの誕生にホクホクしたりゾクゾクしたりしたことを覚えている。そのうち、北海道出身ではない人が東京をはじめ関西や九州など縁もゆかりもない地域でスープカレー専門店を出すようになった。こうなると、ご当地カレーとしては未知の世界に突入したようなものだ。スープカレーは今やすっかり定着している。

大阪スパイスカレーの台頭

最近、札幌スープカレーに次いで、自然発生型のご当地カレーとして、存在感を増しはじめたのは、大阪スパイスカレーである。すべてのカレーはスパイスで作られているわけだから、ことさらにスパイスを強調して、「スパイスカレー」といわれると違和感があるだろうか。「馬から落馬した」のような表現としての誤りを指摘されそうだが、今やひとつのジャンルとして確立されつつある。

大阪スパイスカレーは、まだ歴史が浅い。カレールウやカレー粉を使わず、個別のスパイスを組み合わせて作る香り豊かで刺激的なカレーのことを指す。

大阪スパイスカレーがブームの兆しを見せはじめる前から地元で人気だったいくつかの

店があった。20年ほど前に生まれた「ルーデリー」、「カシミール」、「カルータラ」などである。「カルータラ」はスリランカ料理に魅せられた横田彰宏さんがはじめたスリランカカレーの店だから、ルーツは南アジアにあるが、「ルーデリー」、「カシミール」は日本のオリジナルカレーである。スパイシーでさらりとしたソースをご飯にかけて食べる。ただ、このスタイルは、もう50年以上前から東京には、「デリー」という超老舗人気店があったから、特異な存在というわけでもなかった。

その後、スパイシーなカレーの影響を受けて生まれたいくつかの店は独創的なスタイルで大阪カレーシーンを継承する。「旧ヤム邸」、「コロンビア8」、「ゴヤクラ」などである。これらの店のスパイスカレーは、見た目も味もスパイスの香りも独特でキャッチーだった。共通点は、とにかくスパイスの香りや刺激が際立っていたこと。

この個性は「人と一緒じゃつまらない」という潜在意識が強い大阪人にウケた。大阪スパイスカレーの実質的なパイオニアとして今も人気を誇っている。そんな風に芽が出はじめた大阪スパイスカレーにスター性を持たせ、加速度的に盛り上げたのは、実は、インド料理やスリランカ料理の台頭だ。

大阪で局地的に盛り上がりはじめたインド料理のミールスという定食スタイルやスリラ

一般的なスパイスカレー。
数種類のカレーをあいがけすることも多い。

ンカ料理のワンプレートは、1皿に複数種類のカレーやスパイス料理、サラダなどを盛りつけるスタイルだ。見た目にキャッチーで色鮮やか。スマホを取り出し、お皿を真俯瞰で撮影するといわゆる〝インスタ映え〟するというおまけつき。味わいは、コクがたっぷりあるカレーというよりもさっぱりしていてスパイシー。盛りだくさんな印象があるのでお得感は高い。特に野菜の素材感が際立っていることと、カレールウを使わないという点でヘルシー志向の昨今にはウケがいい。大阪を中心に京都や神戸にもその流れは飛び火していて、スパイスカレーと括られる店は増える一方だ。

現在は、まだ札幌スープカレーほど大きな

一般的な金沢カレー。ステンレス容器の感触も含めての味わい。

ブームにはなりきれていないが、カレー好きの間で話題になるというフェーズはもう卒業し、カレーに特別な思い入れを持たない一般のサラリーマンやＯＬがランチタイムに行列している姿は、このカレーがすでに定着しつつあることを示している。大阪スパイスカレーが浸透している理由のひとつに、スパイスに対する興味関心の増加、またスパイスを食べることへの苦手意識や使うことへのハードルの低下があるだろう。そういう意味ではこの動きはこれからもまだ続きそうだ。

カツカレーが基本の金沢カレー

もうひとつ、ご当地カレーとして昔から自然発生して存在していたが、ここ数年で存在感を増してきたのは、金沢カレーである。その特徴はいくつかあるが、最もわかりやすい点はカツカレーがメジャーだというところだ。ステンレスの器にご飯を盛り、茶褐色のどろっとしたカレーをかける。その上にカツを乗せ、上からソースをかける。脇に千切りキャベツを添えたものを先割れスプーンかフォークで食べる。これが一般的な金沢カレーの姿である。

元祖を自称するのは、「カレーのチャンピオン」。火付け役を自称するのは、「ゴーゴーカレー」。その他に「カレーの市民アルバ」、「ターバンカレー」などの有名店がある。いずれにせよ、このスタイルのカレーが金沢では30年近く前から親しまれていたのだが、「金沢カレー」という言葉で括られるようになったのは２００６年ころのこと。自然発生的に生まれたご当地カレーのひとつだ。

札幌スープカレー、大阪スパイスカレー、金沢カレーに続く真のご当地カレーはどこに生まれるだろうか。自治体や観光協会などが中心となって盛り上げようとしているご当地カレーも全国にはたくさん存在する。よこすか海軍カレーのようにイベントをすれば何万人もの集客を見込めるようなものもある。そんな中から、新星が現れてほしいと思う。

日本で食べられる世界のカレー

インドカレー、タイカレーの正体

ご当地カレーが会いに行けるアイドルだとして、カレー界で簡単に会いに行けないアイドルの代表はもちろんインドのカレーである。会いに行けないどころか大御所すぎて、しり込みしてしまう人も多いだろう。カレーはインドがルーツだから、そこはよほどのカレー好きでない限りハードルが高いとして、そもそも他の国にカレーはあるのだろうか？

結論からいえば、世界中にカレーはある。ただし、「あることはある」というレベルの国が多い。また「昔はあった」という国も多い。

まずインドをはじめ、その周辺諸国は、いうまでもない。パキスタン、バングラデシュ、ネパール、スリランカあたりは、国境という線が引かれる前から同じようなものを食べているわけだから、ハッキリとカレーが存在する。

ただし、ここでハッキリしておかなければならないことは、そもそもカレー（CURRY）という言葉や概念自体がインドには存在しなかったということだ。ヨーロッパ諸国がインドを植民支配していた時代にヨーロッパ人（最初はポルトガル人だったという説がある）がインド人が食べているインド料理を「CURRY」と名付けたのがカレーという言葉のはじまりである。

タイでも同じ現象が起こっている。タイ料理の中には宮廷料理に端を発するといわれているゲーンという汁もの料理がある。これがとにかくバラエティ豊かで屋台なんかに行くと20種類以上のゲーンがズラリと並んでいたりして壮観だ。このゲーンの中にスパイスを使ったものがいくつかあって、味わいがカレーに近いものが、外国人から「カレー」と呼ばれるようになった。それが、グリーンカレー（ゲーンキョワーン）、レッドカレー（ゲーンペッ）、イエローカレー（ゲーンカリー）などである。

彼らはもともと別にカレーを作って食べていたつもりはない。外から来た誰かが、「ああ、それはカレーだね」と言っただけのことである。この点においてインドとタイは同じ境遇にある。ただ、イエローカレーはインド料理の影響があるし、プーパッポンカリー（カニと卵のカレー炒め）などはカレー粉を使って調理するから、世の中にカレー粉というものが誕生した後に作られた料理なのだろう。

ほかにもミャンマー風カレー（ゲーンハンレー）や最近、アメリカのメディアが「世界一おいしい料理」と伝えて一躍有名になったマッサマンカレー（ゲーンマッサマン）などカレーに似た料理、カレーと呼ばれる料理は存在する。そういう意味ではインド周辺諸国に次いでカレー色の強い国といえるかもしれない。

東南アジアのカレー

東南アジア諸国には、タイカレーからの影響とインドカレーからの影響が混在し、それぞれの国にいくつかのカレー（もしくはカレー風料理）が存在する。ベトナムでは、フランス統治時代に南インドから労働者が連れてこられたため、南インドカレーの影響を残すカリーボー（ビーフカレー）やカリーガー（チキンカレー）が存在する。ココナッツミルクで煮込む濃厚なタイプだ。

カンボジアでは、ターメリックをベースにしたクルーンと呼ばれるカレー粉があるという。祭日にはサマランと呼ばれる牛肉などを使ったカレーを作ることがある。ミャンマーは英国領インドだったこともあり、１９４０年代ごろはインド系住民が多く、インド料理の影響を受けたカレーが食べられていた。

インドネシアには、カレーは見当たらないが、ジャワ島のグレと呼ばれるココナッツミルクの煮込み料理がカレーと呼ばれることもあるという。シンガポールやマレーシアのあるマレー半島には、ラクサと呼ばれるカレーラーメンがある。もともとは中国料理とマレー料理が融合して生まれたニョニャ料理を起源とした麺料理だが、カレー粉とココナッツミルクで作るラクサがメジャーで、味もカレーラーメンという表現がぴったりだ。

中国とマレーとの間にカレー風味の料理が生まれるのはちょっと不思議。もうひとつ、フィッシュヘッドカレーというものがある。こちらはルーツに諸説あるが、味わいは、インド料理の影響を感じる。南インドのタミル人やスリランカ人が労働者として働いた時代が関係しているのかもしれない。中国の一部の地域や香港では、牛筋で煮込んだカレー麺が存在するが、カレー粉の香りは極めて薄く、あまりメジャーではない。

ヨーロッパのカレー

スパイス貿易を目的として南アジアから東南アジア一帯を支配していたヨーロッパ諸国にはカレーはあるのだろうか。日本のカレーの直接的なルーツとなったイギリスはカレー粉が生まれた国だから、いうまでもないが、ヨーロッパ大陸はどうだろう。

オランダ、イタリア、スペイン、フランスあたりは、これまで訪れた経験上、カレーと名のつく食べ物を探すのが極めて難しい。インド料理ですら、それほどメジャーではない国である。ポルトガルにはインド料理の影響を残すカレーが存在すると聞いたことがある。

スイスの一部の地域では、リズカシミールと呼ばれるフルーツカレーがある。インド料理の影響だといわれているが、生クリームをスープで伸ばしてカレー粉を混ぜたようなソースに具としてさまざまなフルーツが入っていて、ライスと共に食べるのだが、日本人の僕には何度も食べたくなるようなおいしさは感じられなかった。

ドイツには、カリーヴルストと呼ばれる人気の屋台料理がある。簡単にいえばソーセージにカレー粉とケチャップをまぶして食べるもので、カレーというよりはカレー粉料理である。東欧諸国やロシアでインド料理以外のカレーというのは聞いたことがない。ヨーロッパ諸国については、イギリスを経由してカレー粉が普及した時期があったから、それを使った料理がわずかに残っているという状況だ。

アフリカ諸国もあまりカレーという料理には縁がない。南アフリカはヨーロッパ人が香辛料貿易の航路の拠点にしていたこともあってカレー粉を使う料理がある。また、アフリカ大陸東海岸側はインド人がインド洋を渡って移民した関係から、インド料理の影響を受けたカレーのようなものがあるようだ。だが、アフリカンカレーなるものが存在するわけではない。残るはオセアニアとアメリカ大陸となる。引き続き見てみよう。

カレー料理の3つの成り立ち

世界中にカレー、もしくはカレーに似た料理が存在するとしたら、それらは大きく3通りの成り立ちによって生まれたものである。

A．インドから伝わったもの。
B．イギリスから伝わったもの。
C．その国で独自に生まれたもの。

インドとその周辺諸国は完全にAである。タイに関してはCだが、その周辺、東南アジア諸国については、主にA（インドから伝わった）だろう。AとBが混在するパターンもある。イギリス人がインド人を労働者として連れていずれかの国に渡った場合だ。そもそも、イギリスはインド統治時代にアングロインディアン料理という新しいカレーの姿を生み出しているから、「A＋B」が伝わるパターンもある。

Aについては、華僑と同様に印僑なるインドの商売人たちが世界各国に移り住み、コミュニティを形成して商売を行っている。どの国へ行っても規模の差はあれインド人街が存在するのはそのためだ。自ずとインド料理は世界中に伝播することになる。ただ、印僑が活躍するのは少なくとも20世紀半ば、すなわちインドがイギリスからの独立を果たしてからのことだから、まだ100年も経っていない。

実は、世界中にカレーという概念を広めた一番の功労者は、イギリス人じゃないかと思う。かつて7つの海を支配したこの国の国民は、主に19世紀に世界各国に移住した。当然、自国の食文化を引っさげて。彼らのポケットにはカレー粉が入っていたはずである。

アメリカのカレー

アメリカに移住したイギリス人は、カレー粉だけでなく、その使い方が書かれた料理書も携えていた。アメリカで初めて出版されたカレーのレシピは、1743年に生まれたキャサリンという女性が考案したアップルカレースープだったという。この時点ですでにアメリカ人はカレー粉を手にしていたことになる。

しかも、イギリスでは家庭用料理書の大定番となっているミセスビートンのレシピ（19

世紀半ば）には、玉ねぎと一緒にリンゴを炒めるカレーのレシピがあるから、カレーにリンゴを加えて加熱する手法は、イギリスでは長い間、行われていた可能性もある。

アメリカ初のアメリカ料理書は、１８２４年に出版された『バージニアの主婦の料理』というものだが、ここには、東インド風のカレーとともにカレー粉を使ったカレーのレシピが掲載されている。19世紀の料理書にはカレー粉がよく登場するが、当時、人気のあったカレー料理が、カントリー・キャプテン・チキンというものだ。

玉ねぎを炒め、肉にカレー粉をまぶしたものを加えて炒め、スープを注いで煮込むというシンプルなものだが、これは、イギリスで19世紀半ばに作られていたブリティッシュカレーに酷似している。アングロインディアン料理だという説もあるが、インド料理のエッセンスは極めて少ない。いずれにしてもこの料理は当時のアメリカ人にはかなりの人気を誇っていたそうだ。

中米のメキシコには20世紀に入るとインドからの移民が入るようになり、メキシコ人と結婚してメキシカン・ヒンドゥーと呼ばれるようになる。かつてのイギリスのようにインド料理がメキシコ料理と融合することになるが、それがカレーという形で昇華して今も人気を誇っているという目立った動きはなさそうだ。

カナダやオーストラリアにおけるカレーの伝播も北アメリカと同じタイプだ。移住または、入植したイギリス人がカレー粉とともにカレーのレシピを持ち込んだのである。19世紀に活躍したオーストラリアの小説家、マーカス・クラークは、当時、フランス製を偏重する傾向に反対し、人々に愛されているカレーという料理を国民食にするべきだと著作の中で唱えたという。しかし、現在のオーストラリアの国民食は残念ながらカレーではなさそうだ。

第5章

日本のカレーはどこへ向かう？

カレー文化の未来

日本にはカレーという料理だけが伝わってきた

世界中にカレーがあることはわかった。整理すれば、その伝播ルートは、イギリス人からかインド人からか、その両方か。それが時代によって移り変わる。カレーという料理の存在を最も早く世界中に知らしめたのは、おそらくイギリス人である。自国で生み出したアングロインディアンカレー、もしくはブリティッシュカレーを携えて世界各地に入植した。インド人という労働力を同伴した場所については、インド料理が伝わるケースもあっただろう。

ただ、カレーのルーツであるインド料理が堂々とその食文化を世界に発信するようになったのは、インドがイギリスからの独立を果たした20世紀半ば以降となる。だから、世界の多くの地域が、イギリスのカレーを知り、その後にインドのカレーを知るという順序でこの料理に接触したことになる。

その点においては、日本も同じである。明治維新の時期にブリティッシュカレーが伝わり、その後、インド独立より前だが、20世紀に入ってからインド人によるインド料理が伝わっている。ただ、日本だけは少し、他と伝播のタイプが違う点がある。イギリス人が移住してコミュニティを形成することなく、カレーという料理だけが伝わったからだ。しかも、そこにはインド人という労働者も存在していなかった。イギリス人もインド人もいない。伝道者不在という状況でカレーという料理だけが日本にやってきたのである。この点において日本は本当に稀有な例だ。

なぜカレー文化は日本にしかないのか

そして、このことが起因しているのか、現在、カレー文化が存在するのは、日本だけである。世界中にカレーは存在する。でも世界中のどこにもカレー文化は存在しないのだ。日本を除いては。インドにはインド料理文化、スリランカにはスリランカ料理文化、ネパールにはネパール料理文化がある。でもインドにカレー文化は存在しない。

ちょっとややこしいかもしれない。こう考えてみてほしい。カレー専門店という外食業態がある。説明するまでもないが、カレーだけを専門的に提供する店。日本では当たり前のこの業態が、世界中のどこにもない。インド料理店ではない。カレーの専門店である。

イタリア料理店は世界のどこにでもあるが、ナポリタン専門店は日本以外に成立しえない、みたいなことに近いのかもしれない。

要するに日本に伝わり、日本で独自に育ってオリジナリティあふれる料理に成長したカレーというものは、それを専門的に提供する店が全国に何千軒も生まれるほど、特別な存在になっているのである。

インドで生まれた料理が外国人によってカレーと呼ばれるようになった。それが世界中に広がった。それなのに国民食と呼ばれるまでに進化し、愛され続けている国は日本だけなのである。なぜ、他の国で成長しなかったカレーが日本においてだけ成長したのか。その理由は本当にわからない。不思議な現象だというしかない。

日本のカレーはお米がカギ

日本でカレーが特別に愛された理由をなんとかひねり出そうとしたら、ひとつ思い当たることがある。主食であるご飯のおいしさとその味への執着だ。日本のご飯は抜群にうまい、と日本人の僕は心の底からそう思う。一時期の僕は、カレーライスを食べるときのカレーソースは、「ご飯をおいしく食べるための道具だ」というくらいの感覚を持っていた。

カレー好きに知らない人はいないほどの人気を誇る老舗カレー専門店「デリー」は「インドパキスタン料理」というキャッチコピーをつけているが、インド料理をベースにしたオリジナルカレーで、創業時からのコンセプトは、「日本のご飯に合うカレー」だという。

ジャポニカ米のふっくら、もっちりした食感と甘味のある深い味わいは、我々日本人のDNAに刻み込まれているのではないかと思うほど特別なものだ。江戸末期から明治初期にかけて、日本では汁かけ飯がよく食べられていたというが、飯があれだけうまいのだから、何かと汁をかけて食べようという習慣は全く頷ける。日本でカレーライスが定着した理由も、当初は汁かけ飯のバリエーションのひとつとして食べられたという説もある。かつてはカレーを「辛味入り汁かけ飯」と呼んでいた時代があるくらいだから。

あのおいしいご飯に負けない味わいが必要となるが、明治初期にイギリスからやってきたブリティッシュカレーは、現存するレシピを色々と調べ、試作をしてみた限りにおいてはイマイチうま味が足りない。それもそのはず、イギリスで食べられていたブリティッシュカレーもライスと共にサーブされるが、そのライスは、パラッとして軽い味わいの長粒米だし、レシピには決まってこう表現されている。「カレーができあがったら、ライスを添えて出す」。すなわちイギリス人にとってライスは主食ではなく添え物なのである。

日本人にとっては「カレー&ライス」。カレーとライスは対等だ。でもイギリス人にとっては、「カレーwithライス」。ライスはあってもなくてもいい存在である。ロンドンでは見つけられなかったが、アイルランドには今も当時のブリティッシュカレーが残っている。パブやレストランで見つけて注文すると必ず店員にこう尋ねられた。「ライスにする？　それともチップス？」。チップスと答えれば、フライドポテトがどっさり添えられてくる。彼らにとって添え物は、ライスでもポテトでもどちらでもよかった。

日本人はそうはいかない。カレーはどうしても日本の主食であるご飯と調和しなければならないのだ。だから、洋食や西洋料理のシェフたちは、長い年月をかけて、日本のご飯と肩を並べられるような味わい深いカレーの開発に勤しんできたのだと思う。その結果、カレーはどんどん進化していった。日本のカレーが世界中のどこにもないユニークな姿と味わいをしているのは、ジャポニカ米をおいしく食べたいという、日本人特有の欲望が裏側に潜んでいたからなのかもしれない。

だし文化の日本と、油文化のインド

ライスが主食、といえば、カレーのルーツであるインドもそうだ。特に南インドや東インドの主食はライスである。ただし、ライスの種類が違う。インディカ米と呼ばれる長粒米でパサパサとしていて香り高くてうまいが、うま味があるわけではない。だからなのか、南インドや東インドのカレーの特徴はサラッとしていてスパイシー。ずっしりと重みのあるような食べ応えやうま味を感じさせるタイプではない。

一方、北インドのカレーは割と濃厚なコクを持ったものが多い。合わせるのは、ライスではなく小麦粉から作られる各種パンである。ギーと呼ばれる精製バターをはじめ乳製品やナッツなどで食べ応えのある味わいを作り出す。

そもそも日本とインドでは、食文化圏が違う。インド料理の特徴は、スパイスの香りで素材の味わいを引き出すことにあるが、そのときに欠かせないのは油である。油でスパイスを炒めて香りを強めるのは常套手段である。インドは油文化圏であり、日本はだし文化圏だ。またインドが乳製品を多用するのに対して日本は味噌や醤油などの発酵調味料を多用する。インドが乳製品文化圏であり、日本は発酵調味料文化圏なのだ。

これは完全に私見だが、インド料理は基本的に日本人の味覚には合わないものだと思う。インド料理が大好きで、毎年欠かさずインドへ出かけている僕がそう思うのだから、仕方がない。もちろん人それぞれ好みは違うから日本人を代表して意見するつもりはないけれど、たまの食事は別として、やっぱり油や乳製品で調理したものよりもだしと醬油で調理したものを食べたい。これだけ食文化が異なるわけだから、インド料理がイギリスを経由せずに日本にやってきていたら、ここまで日本にカレーが根付いたかどうかは疑わしい。

とはいえ、最近、巷ではインド料理が注目され、流行している。これはすごく嬉しいことだ。色鮮やかで香り高く、旬の素材を楽しめる食事。体にもいい食事。スパイスへの関心は高まっているし、今のトレンドにぴったり来ていることが理由だと思う。インド現地で食体験をする日本人も増えてきた。

かつて、日本のカレー文化の中で、インド料理は、ルーツであるとはいえ、幅広いカレー世界のジャンルのひとつでしかなかった。積極的にインドのカレーが選ばれるようになったのは、150年に及ぶ日本のカレー史において、ここ20〜30年くらいのことだろう。南インド料理の専門店が増えはじめ、インド人はナンばかり食べているのではないことが認識されるようになった。ミールス（南インド式定食）とかビリヤニ（インドの炊き込みご飯）とかいうマニアックな料理も普通に一般の人が楽しめるような時代になりつつある。

そういう意味では、未成熟のジャンルだから、今はまだインド料理の知られざる側面が紹介されれば自ずと注目が集まる。その点で、作り手の側から見れば参入障壁の低い料理

一般的なミールス。ターリーという丸ぼんの上に、カトリという皿に入ったカレーやヨーグルトが並ぶ。

ビリヤニ。パスマティ米という細長い香り米に、肉や野菜などさまざまな食材が合わせられる。

といえる。ミールスが何なのか、ビリヤニが何なのかについての経験値が浅い日本人にその魅力を伝えるのが難しい反面、好奇心旺盛な人には出せば売れる料理でもある。少数ではあるが一部のファンの間ではトレンドになっているから、しばらく追い風は吹き続けるだろう。この風に乗って一気にインド料理というジャンルが定着してほしいと思う。

インド料理の魅力は〝共創〟

僕が考えるインド料理の魅力は、食べ手と作り手の共創にある。ミールスやターリーと呼ばれるインドの定食は、丸い大型のおぼんやバナナの葉の上に複数種類のスパイス料理やカレーがひしめき合うように盛られている。それらをランダムに混ぜながら食べていくのが特徴的なスタイルだ。

辛いものも甘いものも酸っぱいものもある。シャキシャキしていたり、トロトロしていたり、シャバシャバしていたりする。そのどれもが風味豊かで刺激的で個性にあふれている。さらにそれらを混ぜながら口に運ぶわけだから、もぐもぐとすれば口の中に豊かなメロディが奏でられるのだ。

このスタイルの特徴は、食べ手にも味を創りあげられる余地が残されていること。たとえば、3人で食事に出かけて行って同じミールスを頼むとする。作り手が準備した各種料理は平等に3人の客の元に運ばれる。ところがひとたび食べはじめると、それぞれが自由にあれとこれを混ぜたり、それを途中で挟んだりして食事を進めるわけだから、結果的に3人が味わっているものはバラバラになる。

これが作り手と食べ手の共創である。たとえばフランス料理店でコースで出てくる料理を3品ためこんで一気に混ぜて食べたら、店の人から怪訝な顔をされるだろう。中国料理店や寿司屋、天ぷら屋でも同じことである。僕らの親しんでいる多くの料理は、作り手が完成させた1皿をテーブルに運び、食べ手は食べることに専念するのが前提の食文化である。ラーメン屋ですら、かつてはコショウをふると怒られる店があった。

この〝グルメの基本〟を前提にしているから、ミシュランガイドのような格付けが成立する。でも覆面調査員がインド料理店へ行ったらどうなるだろう? A店に80点、B店に50点をつけたとする。すると50点をつけられたB店のシェフは、文句をいうに違いない。

「おいおい、うちの店が50点なんだって? そりゃ、そいつの食べ方が下手くそだったんじゃないのか?」

インド料理の楽しみはそこにあるはずだ。だからこそ料理の先進と発展途上が混在する。

食べ手との共創を前提にした料理なんて近未来的で進んでいると僕は思うが、かといっておぼんに盛りつけた複数の料理について、それらがランダムに混ざり合ったときに生まれる味わいを計算しつくして調理しているシェフは皆無だろう。その点、いくつかの料理に順序を決めて、さらにワインとのマリアージュも計算に入れてメニューを組み立てていくフランス料理などに比べれば逃げ道はいくらでもあるわけで、まだまだ発展途上といえる。いずれにしてもインド料理は本当に面白い。

このまま日本におけるインド料理は盛り上がり続けることだろう。かつて、中国料理やイタリア料理がそうだったように、現地の味がもっと紹介され、地域ごとの特色が出た料理が提供され、細分化の方向へ進むはずだ。やがて多くの日本人が気づくようになる。たとえば、「インド料理のカレーとインド風カレーとは違う食べ物なんだ」とか。いつかインド料理は日本のカレー文化と袂を分かつことになるかもしれない。

そのときカレーファンは選択を迫られるのだろうか。中国料理とは別に餃子やラーメンが愛されているように、イタリア料理とは別にナポリタンやピザが愛されているように、インド料理と日本のカレーはぜひこれからも共存を続けてほしいと思っている。インド料理はインド人のものだが、日本のカレーは日本人のものなのだから。

カレー文化の進化に必要なもの

日本のコーヒー技術の礎を造った田口護氏は、著書『珈琲大全』の中で、こう述べている。

「技術とはだれもが同じように検証できるものでなければならない」

僕はこの考え方に激しく同意している。氏の著書に感化されて真似事のように書いた自著『カレーの教科書』では、彼の提唱する〝システム珈琲学〟に倣って、〝システムカレー学〟なるものを紹介している。ひと言でいえば、イメージ通りのカレーをシステマチックに作れるようになるための設計書のようなものだ。

カレーの世界もコーヒーの世界と同じことがいえる。秘伝として隠されていることの先に本当の秘密がないことも多い。そこには秘密があるのではなく、解明できていない謎が横たわっているだけだったりする。それを実践している張本人だって、結果や現象については語れるが根拠や理由については理解できていなかったりする。いつまでもその状態ではおいしいカレーが生まれるチャンスは増えないだろう。偶然が何度起こるかに委ねるのでは、日本のカレー文化は進化しない。誰かがたまたま発見した手法や、試行錯誤の末にたどり着いた極意があったとして、それらが手にした人によって厳重に管理された金庫にしまわれてしまうのは、残念だ。

ジャパニーズカレーはなぜおいしいのか？　その理由が解明され、体系的に整理され、そのおいしさを生み出す手法が開発され、開示される。さらにそれを修業を積んだ誰かや才能を持った誰かだけがたどり着けるもので終わらせず、広く多くの人が再現できるように手引き書を作り、便利なツールや調理器具が商品化される。そんな風にカレーを取り巻く環境が整備されていけば、自ずとプレーヤーが増え、ジャパニーズカレーは一気に進化するはずだ。

僕はそんな将来を心の底から待ち望んでいる。世代や立場、ジャンルを超えたドリームチームを結成して、中長期プランを立てて推進していけないものだろうか。これまで150年かけて日本人がコツコツと個別に進化させてきたカレーの世界において、初めてオールジャパンでカレー文化の成熟を見据えたプロジェクトがスタートするのだ。

キーワードは「カレーのオープンソース化」である。ＩＴの世界じゃあるまいし、と笑われるかもしれないが、日本中のカレープレーヤーが持つ知見を集結させて探究を重ねれば、ジャパニーズカレーはきっと世界中で愛される料理の代表になれると僕は思う。

ジャパニーズカレーの構造

熱意だけを伝えていても仕方がないから、今、僕の頭の中にあるアイデアを披露しておきたい。ジャパニーズカレーの構造をその調理プロセスに沿って簡略化すると、5つの要素に分類できると考えている。

A．ベース
B．スパイス
C．スープ
D．具
E．隠し味

このAからEを横に並べて掛け算をしていけばカレーを作るシェフならすっと腑に落ちるだろう。カレーは、「ベース」×「スパイス」×「スープ」×「具」×「隠し味」でできている。ベースを炒めてスパイスを混ぜ合わせ、スープで伸ばして具と隠し味を加えて煮込んでいるのだ。これらのどれが欠けてもおいしいジャパニーズカレーは生まれない。

だとすれば、それぞれのパーツをいかにおいしく仕上げていくか、それらのテクニックとバラエティを突き詰めていけば、究極のカレーができあがるはずだ。究極はひとつじゃないかもしれない。作り手が作りたい味、食べ手が食べたい味の設計書を作ることができるはずである。

Aのベースは、最もオーソドックスなスタイルは玉ねぎを炒めることである。にんにく、しょうがをはじめとする各種香味野菜が入ることもある。洋食系ならバターと小麦粉を炒めるプロセスがこれにあたる。ベースの目的は、香味を作ることだと思う。何かしらの素材を炒める。加熱することでメイラード反応（糖とアミノ酸の化学反応）が起き、人が好む香ばしい味わいが生まれるのだ。

Bのスパイスは、言わずもがなだが、メインの目的は香りである。辛みもここに含まれるが、とにもかくにも香り。おびただしい香りのバリエーションの中から何を選択しどう配合するかによって、香りは無限に生まれる。そしてこの香りの役割は、味を引き立てることにある。どんな味のカレーにしたいかによってスパイスの使い方は変わるだろう。

Cのスープは、もしかしたら日本人がカレーに最も重視するポイントかもしれない。長時間、何かを煮込むことによって生まれるだしのうま味（および風味）である。昆布やかつおなどによる和風のだしに限らない。どちらかといえば西洋料理でスープストックと呼ばれるもののうま味だから、たとえばフランス料理のスープのレシピを応用するだけでも果てしなくバリエーションはある。

Dの具は、素材そのものの味わい。肉のカレーか野菜のカレーか魚介のカレーか、はたまた長崎ちゃんぽんのような五目という合わせ技もあり。いずれにせよ、具にする素材のおいしさを引き出し、最適な下準備や加熱をすることが求められる。たとえば選んだある部位の牛肉が最もおいしく食べられる調理法を計算してビーフカレーに仕上げている例を僕はまだ片手で数えるほどしか知らない。

Eの隠し味は、A〜Dで生み出すことのできない味わいのことだ。足りない味を補う役割がある。甘味、酸味、塩味、苦味という基本4味の補強も大事だが、それ以上に重宝されるのは、コクの追加だろう。たとえば、チーズやバター、生クリームでおいしさを強めるカレーは、乳製品のコクに活躍してもらっていることになる。

以上のことを整理すれば、こうなる。

A．ベース（香味）

B．スパイス（香り・辛み）
C．スープ（うま味・風味）
D．具（素材の味）
E．隠し味（コク・基本4味）

これらを突き詰めていき、組み合わせを探究し、誰もがトライアルできるようになれば、世の中は今よりはるかに多くのおいしいカレーであふれかえるようになるんじゃないか。この「システムカレー学におけるカレーの構造」をたたき台にしたカレーの共同研究に誰か名乗りを上げてくれる人はいないだろうか……。

ドリップカレーの衝撃

驚愕のドリップカレー

ある日、ネットニュースを眺めていた僕に奇妙な言葉が飛び込んできた。ドリップカレーとある。カレーをドリップ!? 概念が新しすぎて飲み込めない。記事を読んでみると、日清食品の手がけるカレーメシという商品に関連したものだった。

日清食品が発売した〝カレーメシ〟はインスタントカレーにおける超斬新な商品である。これまでインスタントカレーの世界は、レトルトカレーが主流だった。夏になるとカップラーメンのカレー風味がいくつもコンビニに並ぶことはあったが、そこにカレーメシが切り込んだ。カップに湯を注ぐとカレー風味のリゾットのようなおじやのようなものができあがるのだ。インスタントにしては味も悪くない。ご飯を別で用意する必要がない手軽さもあって話題を集め、人気商品となった。そのカレーメシが、驚きの一手に出たのが、２０１６年の11月である。

カップラーメン同様に「お湯を注ぐだけ」という点を利用した斬新なアイデアを提案するべく専門店をオープンしたのである。その名も「DRIP CURRYMESHI TOKYO」。場所はJR渋谷駅の山手線内回りホーム上にある。スタイルがすごい。カレーメシにただ湯をかけるのではなく、風味豊かな湯をドリップするのだ。メニューは、ビーフカレーメシ、シーフードカレーメシ、スパイシーチキンカレーメシの3種。そこにドリップするフレーバーを選べるようになっている。唐辛子、ガーリック、ジャスミン茶、かつお節、コーヒー、といった具合。

早速足を運んでみた。ビーフカレーにかつお節ドリップを選択して注文してみると、コーヒーのドリッパーにかつお節がどっさりと入れられ、上からポットで湯を注ぎはじめる。やわらかな風味のかつおだしがたどり着く先は、カレーメシのカップである。いただいてみると予想通り、うまい。これが290円で楽しめるのか。僕はそのアイデアに心を打たれた。ドリップカレーという名称の奇抜さと風味のアレンジを楽しめるアイデアと満足のいく味わい。これはきっとカレー業界にいる人間には発想できなかったスタイルだ。

店を出て山手線のホームを歩きながら考えた。カレーのおいしさを〝だし〟に求める例は少なくない。昔ながらの洋食屋のカレーは、丁寧に取ったチキンブイヨンが味の中核をなしているし、札幌スープカレーは、スープにだしのうま味をどれだけ込められるかを競っている。ラーメン屋よろしくえびスープやダブルスープなどバラエティ豊かだ。大阪スパイスカレーの世界でスパイスに鯛のアラ汁を合わせるような店も出はじめている。

システムカレー学・カレーの構造でいうならスープの部分に特化してバラエティを揃え、ドリップという斬新な切り口で表現した「DRIP CURRYMESHI TOKYO」は、2016年のカレーシーンに燦然と輝くスターに違いないと僕は思っている。

JR渋谷駅山手線ホームにあったDRIP CURRYMESHI TOKYO店舗。

注文があると1杯ずつフレーバーをドリップしてくれる。
5分待ち、かき混ぜて食べる。

湯を注いで食べるインスタントカレー

カップヌードルで知られる日清食品にとって、定番化しているカップヌードルカレー味を除けば、「カレー」というフレーバーは、期間限定のスポット商品という位置づけだった。その点、カレーメシは、カレーを真ん中に据えた初めての商品といえるだろう。

ただし、日清食品の主眼はカレーではなく、ライスにあった。乾燥した米（パフライス）を戻して食べるという切り口を普及させたい。そんな目的から、実は、1975年にカップライスという商品を出した過去がある。ところが、当時は食習慣的にも味的にも受け入れられず、撤退を余儀なくされた。

それから30年以上が経過し、電子レンジを使っておいしいご飯が炊ける技術を元に商品化したのが、カップカレーライスというものだ。乾燥させて復元させるというのはラーメンにはじまる日清食品の独自技術。それをライスでやっていこうというスタンスを反映させた商品だ。ところが、お客さんから「これはカレーライスではない」と言われてしまう。カレーとご飯が混ざっていて、ドリアのようになっているからである。

従来のカレーの概念におさまりきらないこの商品は、新しい顔つきで流通させるべきかもしれない。そんな考えから「カレーメシ」というネーミングが生まれた。10代、20代の若者向けにこの商品は展開され、「理解不能な新しさ」というキーワードでエッジを利かせたコミュニケーションを行った。

電子レンジバージョンでは次々と新しいフレーバーの商品を展開したが、爆発的に売れるというには至らない。２０１６年に日清食品はカレーメシの技術革新に乗り出す。電子レンジではなく湯かけでおいしさを生む製法を編み出し、切り替えたのである。この結果、カレーメシを食べるオケージョンが広がった。

そもそも、買ったその場で食事ができるのが、カップラーメンの特長だ。ところが、カレーの世界では、たとえばレトルトカレーは、それだけを温めたとしてもご飯を炊かなければ食事が成立しない。カレーメシは、ご飯もセットされている点が新しかったが、電子レンジで作るスタイルでは、オケージョンは広まりにくい。湯を注げばいい、というカップラーメンと同じ土俵に立てたことで売り上げは好調に推移した。

湯かけのタイプにしてからは、ビーフカレーメシ、シーフードカレーメシ、スパイシーチキンカレーメシと3フレーバーを展開し、２０１７年の2月に新商品として「欧風カレーメシ」を発売している。日清食品の〝インスタントライス〟戦略は市場に全く新しいジャンルを確立するのに成功したのだ。

カレーメーカーにはできない発想

カレーメシがユニークなのは、おいしいカレー商品を開発しようとしたのではなく、おいしいライスを普及させるためのパートナーとしてカレーを選んだという点である。理由は極めてシンプルで、「カレーが日本の国民食だから」と開発担当者は語っている。

このスタンスをより顕在化させたのが、JR渋谷駅ホームの「DRIP CURRYMESHI TOKYO」だ。湯をかけて作るカレーライスという今まで市場に全くなかったこの商品の魅力を象徴的に伝えられる取り組みとして期間限定の店舗を構えたのである。

カレーメシは、ライスの加工段階で高温高速で熱風をかけて乾燥させるからお米に細かい穴が空く。湯かけしたときにその湯が米の中に戻るからおいしいライスになる仕組みだ。それなら、湯ではなくだしにすれば、その味が米の中に入っていくのではないか。そう思い至ったという。カレーをおいしくしようではなく、米に味をつけようという発想。なんといってもライスは日本人の主食なのだから。

「そういえば、最近、コーヒーショップでは丁寧にドリップする店が流行っている。だしをドリップしてみよう！」おそらくカレーメーカーにはこの発想はないだろう。

ドリップするものの切り口は、とにかくなんでもかんでも試した。チョコレートがダメだった。牛乳もダメ。コーヒーはいろんなフレーバーで試したが、なぜか、あるフレーバーにすると納豆の香りになってしまう。アップルティーもやったが、フレーバーティーは一歩間違えると味が壊れて難しい。とんこつ、パクチー、山椒、スナック菓子、なんでも入れた。自社商品のカップヌードルを入れるという奇策を講じたりもした。

仕上げに混ぜればいいものよりもドリップしないと入らないもののほうがいい。淹れているときのビジュアルも重視した。そんな無謀とも思える挑戦は、カレーのことを熟知しているわけではないからこそ。「わからないから必死だった」と担当者は振り返る。

「DRIP CURRYMESHI TOKYO」は毎日コンスタントに100人以上を集客する運営状態にある。外国人観光客の来店も多く、極めて評判がいいという。ホームでの展開は、2017年4月までの期間限定だが、これだけユニークな存在として実績を上げたのだから、どこかで実店舗を運営する展開もあるかもしれない。

日清食品では「ライスを普及させたい」という原点に戻り、カレーメシではない別の「○○メシ」の展開も検討しているという。一方でカップヌードルで金字塔を打ち立てた会社として、カレー分野でも同じくカレーメシを大きく育て、日本人の二大国民食を日本の柱に据えようという考えもあるようだ。

そのためには、他社が追随してカップカレーライス類似商品の棚が活性化するといいと思う。開発担当者はこんな言葉で締めくくってくれた。

「新しいことにチャレンジするというのが日清食品の社風なんです。カレーはそれをやっていい食品だと考えている。日本のカレーの世界はどんどん進化していますので」

もし、このドリップカレーが海外に出ていったらどんな反響があるだろう？　考えるだけでワクワクしてしまう。既成概念を打ち破ったり、これまでの価値観をガラリと転換してくれたりするカレーが、これまでも新時代を築き上げてきた。そんなニュースターが2016年に登場したことに、僕は今も興奮を抑えられないでいる。

ライスを真ん中において、それをおいしく味わうパートナーとして、カレーの開発に着手する。このスタンスは、考えてみれば、日本に初めてカレーがやってきたときの日本人コックたちと同じではないか。カレーライスが進化していくプロセスで、ライスがカギを握っているという視点は、もっと重視するべきかもしれない。カレーとライスが形成するプラットフォームこそが、日本のカレーの魅力なのだから。

エピローグ

「和食」が日本人の伝統的な食文化だとして、ユネスコ無形文化遺産に登録されたのは、2013年の冬のことだった。翌年の1月にジャパニーズカレーのルーツを取材するために渡英していた僕は、このニュースを滞在先のロンドンで知った。直後に頭をよぎったひとつの疑問がある。

そこにカレーはあるのか？

そう、あの東京オリンピックが決まったときの気持ちがフラッシュバックしたのである。ところが、あのときとは答えが違っていた。ユネスコ無形文化遺産の和食にカレーが名を連ねているかって？　そんなはずはない。そもそもカレーが和食だという認識を持つ日本人は極めて少ないだろう。

日本のカレーは、インドからイギリスを経由してやってきた。でも、直接的なルーツとなったイギリスのカレーがどんなものだったのかを深く掘り下げた調査や文献は存在しない。日本のカレーとはいったい何なのか。それを突き止めようと訪れたイギリスで3か月の滞在中に改めて実感したことは、日本のカレー文化の素晴らしさだった。

バラエティが豊かで奥が深くて、みんなに愛されている。家庭にはおふくろカレーがあり、外に出れば街にはカレー専門店があふれている。ご当地カレーと呼ばれる地域ごとに特色のあるカレーが開発され、特産品のＰＲや観光誘致の一翼を担っている。レトルトカレーは１０００種類以上も売られ、湯煎すれば数分でおいしいカレーにありつける。うどんもラーメンもスパゲティもせんべいも……、周りを見渡せばみんなカレー味だ。こんなカルチャーは世界中どこにも存在しない。

カレーは、国民食ですか？　尋ねられた日本人のほとんどすべてが自信を持って頷くだろう。和食じゃないのに国民食。なんとも不思議な食べ物である。

あれからおよそ3年半が経った。ふと疑問がよぎる。今、日本のカレーは海外の人たちの目にはどう映っているんだろうか？　ラーメンは、今や世界的な人気を誇るメニューに進化しつつあるといっていい。カレーはどうだろうか。残念ながら、この日本独自の特異なカレー文化が存在することはほとんど、というか全く知られていない。観光などのために一時的に来日した外国人でさえ、知らずに帰るケースがほとんどだろう。

ある食文化が成熟して世界中に伝播され、親しまれるようになるまでには、気の遠くなるほどの時間がかかるだろう。亡国3000年の歴史なんて言葉があるけれど、日本のカレーの歴史はまだたったの150年である。とはいえ、じっとそのときが来るまで待っているわけにもいかない。日本のカレー文化のために何かをしたい。何かを残したい。

インパクトや影響力のあることは、大手カレーメーカーやカレーチェーンがやってくれるだろう。今回、取材させていただいた企業の活躍を振り返れば、将来への期待をせずにはいられない。

ジャパニーズカレーの世界が今よりもっと加速して盛り上がっていくために、僕のレベルで考えられるステップは、こうである。

1. オープンソース化
2. プレーヤーの増加
3. トライ&エラー
4. イノベーション
5. ニュースターの誕生

まずは、おいしいカレーを作るために必要な情報がどんどん公開され、共有されていくこと。そうすることで間口が広がる。自分でもやってみようというプレーヤーが増えれば、カレー作りに関するトライ&エラーは、あちこちでされるようになる。そんな中からカレー界の常識を覆すような革新的な切り口が生まれるかもしれない。それを携えて颯爽と新星が現れたら、世界中が喝采してくれる、だろうか……。

2016年の春に僕は、ひとつのサービスを立ち上げた。「AIR SPICE」という。本格カレーを作れるレシピつきのスパイスセットを毎月、自宅に届けるサービスだ。「Spice up your life!」をスローガンに「スパイスの魅力を普及する」をコンセプトにした取り組みだが、実は、裏コンセプトがある。それは、「カレーのオープンソース化」である。

僕自身がこれまでの知見を駆使しておいしいカレーを作るためのレシピを開発する。それに必要なスパイスは、丸のままのスパイスも粉状のスパイスもすべてグラム単位まで公開してセットする。買った人は、プレーヤーになれる。自分でスパイスを揃えるという面倒な作業がなくても、届いたスパイスとレシピを使ってトライ&エラーができるのだ(エラーがないことを祈ってはいるけれど)。

今はまだユーザー数は少ないが、それでも全国各地のカレー店のシェフから一般のカレーファンまでさまざまな人が使ってくれている。こんな草の根的な活動でも、「1．オープンソース化」から「3．トライ＆エラー」までは叶えることができるだろう。おそらく最も難しいのは、「4．イノベーション」である。「その手があったか！」というような切り口をカレーで実現してくれる人が現れたら、後はその人がニュースターになれるかどうかは運を天に任せるしかない。そんな人はきっと今は日本のどこかに身を潜めているだろう。

本書もカレーのオープンソース化の一環になるのではないかと期待しているし、それ以前に本書によって日本のカレー文化に少しでも興味を持つ人がいてくれたら嬉しい。これはカレーの世界にいて常に感じていることだけれど、僕がこのような機会に「カレーライス」の「進化論」なんていう大それたことを発表できるのは、150年間にわたる先駆者たちの挑戦のおかげだと思っている。

僕がカレーの世界でアウトプットしていることは、ほとんどが〝後だしジャンケン〟のようなものだ。遠い先を見渡しても後ろを振り返ってもどこにも誰もいないような荒野に立ち、それこそトライ＆エラーを繰り返しながら開拓してきた人たちがいる。僕は眺めのいい気球にでも乗って彼らの轍を上から見下ろしながら、おびただしい数の成功と失敗を短期間で頭に入れてきた。それらを手にして編集を繰り返し、あたかも自分の手柄であるかのように表現しているにすぎないのだから。

いつの時代も後から出てくる者がうまくやるに決まっている。先を走る人はどれほど大変だっただろうか。自分自身がカレーの世界でイノベーションを起こしたい。果たしてそれができるかどうかはわからないが、かつて、カレー粉を作り、カレールウを開発し、カツカレーを生んだ人がいたように、これからを歩む僕たちもせめてこのカレーの世界に何かしらのヒントを提示できたらいいなと思う。

そんな僕が今最もやりたいことは、フランスにカレー専門店を開くことである。ある意味で世界で最も料理が進化している国、世界で最も食べることに関心が高いフランス人がいる国で、日本のカレーを提供したらどんな反響があるだろうか？　パリで人気レストラン「Dersou」を営む日本人オーナーシェフの関根拓君とは会えばそんな話になる。彼はオーセンティックな三ツ星フレンチで修業を積み、世界各国を旅して自身のレストランを開き、独自のアプローチによる料理を提供して数々の賞を獲得している。

カレーを偏愛する彼の店でジャパニーズカレーを一緒に作ってイベントができたらいいね、と飲み屋で盛り上がった話をぜひ実現させたい。そのときは、やっぱりカツカレーを作るのがいいんだろうなあ。スケールの大きな話ではないが、細やかな試みの積み重ねが何かを動かすこともあるはず。そうやって日本のカレーライスは少しずつ進化していくのだと信じている。

イースト新書Q

Q029

カレーライス進化論《しんかろん》

水野仁輔《みずのじんすけ》

2017年5月20日　初版第1刷発行

編集　大田洋輔

発行人　北畠夏影

発行所　株式会社イースト・プレス

東京都千代田区神田神保町2-4-7

久月神田ビル　〒101-0051

tel.03-5213-4700　fax.03-5213-4701

http://www.eastpress.co.jp/

ブックデザイン　福田和雄（FUKUDA DESIGN）

印刷所　中央精版印刷株式会社

ISBN978-4-7816-8029-3